L'Égypte antique

Un guide des mystérieux dieux et déesses de l'Égypte ancienne : Amon-Râ, Osiris, Anubis, Horus et bien d'autres (livre pour jeunes lecteurs et étudiants)

Par Student Press Books

Table des matières

Introduction

Rencontrez les anciens Dieux de l'Égypte — Mythologie pour les 12 ans et plus.

Bienvenue dans la série Une mythologie passionnante. Ce livre vous présente les dieux, les déesses et bien d'autres créatures mythologiques de l'Égypte ancienne. Il présente les portraits des dieux les plus courants de l'ancienne terre du Sphinx et des pharaons.

Ce n'est pas facile d'être un dieu. Une minute, vous faites exister le monde, et la suivante, vous n'avez que de la poussière entre les doigts. C'était difficile d'être Pharaon, décider à quoi de faire travailler tous ces esclaves pendant que, eux, ils se reposaient, confortablement servis par d'autres esclaves. C'est peut-être pour cela qu'ils ont inventé une petite chose appelée « religion ».

Plongez dans le monde antique de la mythologie égyptienne. Ce livre contient tout ce que vous devez savoir sur ces êtres mythologiques fascinants, de leurs représentations artistiques étranges jusqu'à la réalité de ce qu'ils symbolisent. Le livre est parsemé d'illustrations amusantes des divinités égyptiennes, rarement héroïques, mais toujours intrigantes !

Descendez le Nil et découvrez ces créatures anciennes, mais insaisissables. Qui sont-elles ? Que savons-nous de leur histoire ? Comment leur culture a-t-elle influencé la culture de la Grèce antique ? Apprenez tout cela et bien plus encore avec votre propre exemplaire de l'Egypte Antique ! Découvrez pourquoi Isis est à la fois protectrice et destructrice, la relation entre Hathor et les vaches, la particularité de Sobek, l'Œil de Râ, et bien d'autres choses encore — il y a tant à apprendre. Offrez-vous votre exemplaire dès maintenant !

Ce livre de la série Une mythologie passionnante recouvre :

- La genèse fascinante des dieux égyptiens — Découvrez ces dieux et déesses et leurs pouvoirs.
- Des portraits vivants — Donnez vie à ces dieux dans votre imagination grâce à des images attrayantes.

À propos de la série : La série Une mythologie passionnante de **Student Press Books** offre des perspectives nouvelles sur les dieux anciens, qui inviteront les jeunes lecteurs à réfléchir à leur place dans la société, et à découvrir l'Histoire.

Votre cadeau

Vous avez un livre dans les mains.

Ce n'est pas n'importe quel livre, c'est un livre de Student Press Books ! Nous écrivons sur les héros noirs, les femmes qui prennent le pouvoir, la mythologie, la philosophie, l'histoire et d'autres sujets intéressants !

Puisque vous avez acheté un livre, nous voulons que vous en ayez un autre gratuitement.

Tout ce dont vous avez besoin, c'est d'une adresse électronique et de la possibilité de vous abonner à notre newsletter (ce qui signifie que vous pouvez vous désabonner à tout moment).

Alors, qu'attendez-vous ? Inscrivez-vous dès aujourd'hui et recevez votre livre gratuit instantanément ! Tout ce que vous avez à faire est de visiter le lien ci-dessous et d'entrer votre adresse e-mail. Vous recevrez immédiatement le lien pour télécharger la version PDF du livre afin de pouvoir le lire hors ligne à tout moment.

Et ne vous inquiétez pas, il n'y a pas d'attrape ou de frais cachés, juste un bon vieux cadeau de notre part ici à Student Press Books.

Visitez ce lien dès maintenant et inscrivez-vous pour recevoir votre exemplaire gratuit de l'un de nos livres !

Lien : https://campsite.bio/studentpressbooks

Dieux mâles

Amon

Également orthographié Amun, Amen, Ammon, Aman, ou Hammon.

Dieu du souffle de vie qui anime toutes les créatures vivantes ainsi que de l'esprit qui imprègne tout objet inanimé.

Les Grecs, qui l'appelaient Ammon, identifiaient Amon-Re à leur dieu principal, Zeus, et assimilaient le fléau de Min-Amon à la foudre de Zeus. Les Romains ont reporté cette identification sur leur divinité principale, Jupiter.

Dans la religion et la mythologie de l'Égypte ancienne, Amon était un dieu dont le nom signifie "ce qui est caché", "ce qui n'est pas vu" ou "ce qui ne peut être vu". Associé à l'origine à la ville de Thèbes, Amon s'est ensuite associé au dieu du soleil Rê (ou Ra) pour former Amon-Rê, le roi des dieux.

En tant que tel, Amon a atteint une position de suprématie dans le panthéon égyptien et a été considéré comme l'un des créateurs de l'univers. Il était l'époux de la déesse Mout et le père du dieu Khons ; ensemble, ils étaient connus comme la triade de Thèbes. Bien qu'inconnu et invisible, Amon était considéré comme un personnage d'une grande générosité et d'une influence universelle.

Amon étant invisible et associé à l'air et au souffle de la vie partout dans le monde, les Égyptiens pensaient que sa présence pouvait être perçue dans les rafales de vent et dans les fanions flottants que les prêtres attachaient aux pylônes des temples.

En tant que dieu "caché", la véritable forme d'Amon ne pouvait être connue, mais il a été représenté dans l'art égyptien ancien sous une profusion de formes. Amon est généralement représenté sous la forme d'un homme barbu portant une coiffe composée de deux grands panaches, colorés alternativement en rouge et vert ou rouge et bleu.

Autour du cou d'Amon, il porte un large collier aux motifs complexes, et il porte souvent des brassards et des bracelets également. Des bretelles sont attachées à sa tunique. La queue d'un animal, probablement un lion ou un taureau, pend à l'arrière de sa tunique, signe de son ancienneté. Il tient dans sa main droite l'ankh, symbole de la vie, et dans sa main gauche le sceptre, symbole du pouvoir. Amon est parfois assis sur un trône.

Le composite Amon-Re est souvent représenté comme ayant un corps humain avec une tête de faucon. Au-dessus de la tête de faucon se trouve le disque solaire entouré d'un serpent (uraeus). Comme les habitants des différentes zones religieuses le long du Nil considéraient différents animaux comme les plus sacrés, Amon-Rê était associé à cet animal ; il est donc parfois représenté sous la forme d'un singe, d'un lion, d'une oie ou d'un crocodile, selon l'endroit. Dans une forme tardive, il est représenté avec la tête d'un bélier.

Amon et son homologue féminin, Amaunet (Amunet ou Ament), formaient une paire des huit anciens dieux et déesses de la création (appelés ensemble l'Ogdoad) d'Hermopolis. Lorsqu'Amon est représenté avec Amaunet, il a généralement la tête d'une grenouille et elle celle d'un serpent. Lorsqu'Amon lui-même est représenté avec l'uræus, Amaunet a la tête d'un chat.

Amon était aussi parfois fusionné avec le dieu Min (Amsu) sous le nom de Min-Amon, et il est alors représenté avec le fléau symbolique sur son bras levé. En tant que Min-Amon, il symbolisait le pouvoir créatif et générateur de la sexualité masculine.

À la fin de l'époque dynastique, en particulier à l'époque ptolémaïque, des figures d'Amon-Rê ont été façonnées en bronze, incorporant tous les attributs importants du dieu. Sur ces figures, il a la tête d'un homme barbu, le corps d'un scarabée, les ailes d'un faucon, les jambes d'un homme avec les orteils et les griffes d'un lion, quatre bras et quatre ailes. Le disque solaire repose sur des cornes de bélier au-dessus de lui, et un cobra à tête de lion est ajouté au dessin.

On pense qu'Amon est d'origine très ancienne, peut-être même prédynastique, peut-être en tant que dieu de l'agriculture, une divinité locale dont le culte était centré sur la ville de Thèbes. Un sanctuaire à Amon a été construit dans l'Apt, le quartier nord de Thèbes, au cours de la 12e dynastie.

Le statut de dieu d'Amon s'est élevé en même temps que la fortune politique de sa ville natale. Rapidement, en l'espace d'une centaine d'années, Amon est passé du statut de divinité locale à celui de créateur de l'univers, tandis que les princes thébains gagnaient en souveraineté. Thèbes est devenue la capitale de toute l'Égypte et la résidence des pharaons du Nouvel Empire.

Peut-être pour éviter les rivalités théologiques ou pour les surmonter, les prêtres de Thèbes ont déclaré qu'Amon ne faisait qu'un avec le dieu créateur populaire et largement adoré, Rê, et l'ont appelé Amon-Rê. Sous cette forme, il était désormais considéré comme le roi des dieux, la divinité suprême de l'Égypte, la source de toute vie au ciel, sur terre et dans les enfers.

Amon est devenu la divinité tutélaire des pharaons de la 18e dynastie, et le pharaon au pouvoir était considéré comme le dieu incarné. La puissance et le pouvoir d'Amon-Rê étaient décrits dans de nombreux hymnes de louange égyptiens, comme par exemple dans le Papyrus de Hu-nefer.

De grands temples furent construits en son nom à Louxor et à Karnak. Des centres de son culte apparurent également à Hermonthis, Coptos, Panopolis, Hermopolis Magna, Memphis, Sais, Héliopolis et Mendès, et le dieu était adoré dans les dépendances égyptiennes de Syrie, de Nubie et d'ailleurs. Seul le dieu des morts, Osiris, rivalisait avec lui dans le culte populaire.

Lorsque les prêtres d'Amon-Rê sont devenus immensément riches et puissants, ils ont déclaré qu'Amon-Rê était "l'Unique", qui n'avait "pas de second". En effet, Amon-Rê a commencé à absorber les caractéristiques de tous les dieux, censés les unifier et les personnifier tous.

L'égyptologue Lewis Spence considère qu'il s'agit de l'une des tentatives les plus sérieuses de l'Antiquité pour formuler un système de monothéisme. À la fin de la dynastie ramesside, la fonction de pharaon elle-même est conférée au grand prêtre d'Amon-Rê, et la 21e dynastie est connue comme la dynastie des rois-prêtres.

Un sanctuaire et un oracle de Jupiter-Ammon étaient situés dans la ville libyenne de Siwa. Selon l'historien grec Hérodote, cet oracle avait été fondé par une prêtresse thébaine d'Amon-Rê qui avait été enlevée par les Phéniciens et vendue en Libye.

L'oracle était célèbre et très visité à l'époque classique, consulté par des personnages historiques tels que les chefs militaires Lysandre, Hannibal et Alexandre le Grand, ce dernier ayant demandé à l'oracle de lui dire s'il était le propre fils du dieu.

Questions de recherche

1. Que pensez-vous des dieux de l'Égypte ancienne ?
2. Lequel des dieux égyptiens vous a le plus effrayé ou impressionné ?
3. Quels sont vos mythes égyptiens préférés ?

Aton

Également orthographié Aten.

L'Aton est le disque du soleil

Le disque solaire était traditionnellement vénéré uniquement comme un aspect du dieu du soleil Rê. Sous le règne du pharaon controversé de la XVIIIe dynastie Akhenaton (également orthographié Ikhnaton, également appelé Amenhotep IV ; il a régné de 1353 à 36 av. J.-C.), le disque solaire, qui était auparavant considéré comme la demeure du dieu du soleil Rê dans son voyage à travers le ciel, est devenu l'objet d'un culte en soi, signifiant la synthèse du dieu du soleil et de son disque brillant, visible par tous. Akhenaton a également persécuté les prêtres d'Amon, dieu de Thèbes.

La religion d'Aton a été considérée comme le premier exemple historique connu de monothéisme. Le document le plus important qui subsiste de cette religion est l'Hymne d'Aton, dont plusieurs versions ont été inscrites sur des tombes. Comme d'autres hymnes de l'époque, le texte se concentre sur le monde de la nature et les dispositions bienfaisantes prises par le dieu à son égard.

Bien que la nature précise du culte de l'Aton reste obscure, à l'époque d'Akhenaton, il devient la religion officielle, centrée autour de la nouvelle capitale d'Akhenaton, Akhetaton ("Horizon de l'Aton"), ou Tell el-Amarna.

Les dieux égyptiens étaient souvent représentés symboliquement sous forme humaine avec une tête humaine ou animale, mais l'Aton n'était pas anthropomorphisé de la même façon. Il n'était représenté que sous la forme du disque solaire, d'où partaient des lignes de rayons orientées vers le bas ; ces rayons se terminaient par des mains humaines, tenant parfois l'ankh, symbole de la vie.

Aucun mythe ou histoire attachante n'a été raconté à propos du dieu, mais dans l'art, un mouvement esthétique précis est également associé à cette période. Après la fin du règne d'Akhenaton, la nouvelle religion de l'Aton fut considérée comme une hérésie, et il y eut un retour abrupt à la croyance en Amon-Rê et au panthéon égyptien traditionnel, bien qu'un sanctuaire de l'Aton ait survécu dans la ville d'Héliopolis.

Questions de recherche

1. Quelles créatures mythologiques sont originaires de l'Égypte ancienne ?
2. Quelle est la chose la plus drôle que vous ayez entendue à propos d'un dieu égyptien ?
3. Selon vous, quelle est la chose la plus importante à retenir lorsque l'on étudie l'histoire et la culture de l'Égypte ancienne, étant donné que toutes leurs divinités et leurs coutumes funéraires étaient si étroitement associées les unes aux autres ?

Atum

Également appelé Atem, Atmu, Tem, ou Temu.

Une divinité solaire prédynastique est associée au soir ou au coucher du soleil.

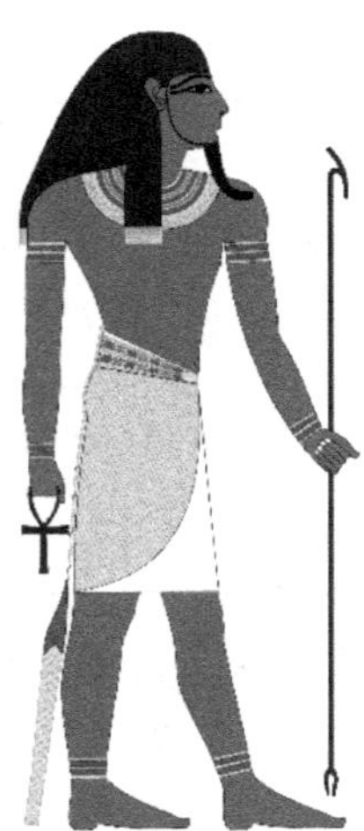

Atum était considéré comme le père des jumeaux Shu et Tefnut. C'était un dieu local de la ville d'Héliopolis qui a fusionné avec la puissante divinité solaire Rê dans un composite appelé Re-Atum. Selon le recueil de textes mortuaires, le Livre des morts, la manifestation physique de Re-Atum était le soleil lorsqu'il descendait dans le ciel, le dieu Khepri était le soleil lorsqu'il montait, et Rê lui-même était le soleil à son apogée, à midi.

La révision thébaine du Livre des Morts associe également Atum à Osiris et les dépeint comme des dieux dont le corps n'a jamais connu de décomposition physique.

Atoum était généralement représenté comme un roi, portant les couronnes de la Haute et de la Basse-Égypte et portant un ankh, le symbole de la vie, et un sceptre, le symbole du pouvoir. L'un des plus anciens dieux vénérés en Égypte, Atoum occupait une place importante dans la mythologie égyptienne en tant que créateur des autres dieux.

En tant que forme de Rê, Atum s'est créé lui-même à partir des eaux primitives du chaos, appelées Nun. Il donna ensuite naissance à Shu et Tefnout à partir de son sperme ou en les crachant de son propre corps.

Dans une autre version de ce mythe de la création, Atoum et la déesse de la fertilité à tête de vache Hathor étaient les parents de Shou et Tefnout. Plus tard, on pensait qu'Atum avait un homologue féminin, Temt (également orthographié Temit).

Dans un mythe égyptien, Atoum provoquait une grande inondation qui recouvrait la terre entière et détruisait toute l'humanité, à l'exception de ceux qui étaient restés dans son bateau. Cette histoire de déluge présente des similitudes avec le récit biblique de Noé et de l'arche.

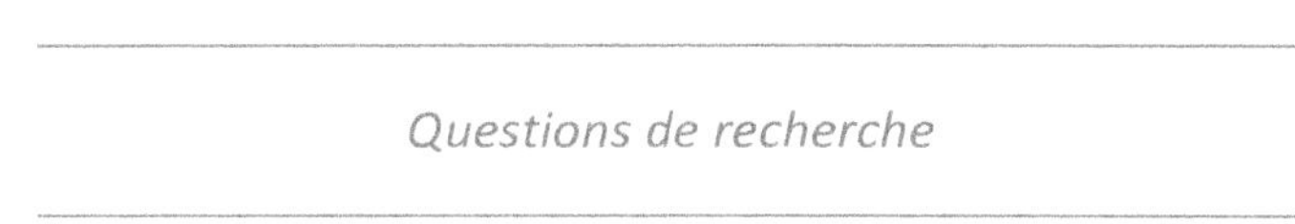

Questions de recherche

1. Lors d'une journée ordinaire, quel dieu de l'Égypte ancienne aimeriez-vous prendre la forme de ?
2. À quel dieu égyptien ressemblez-vous le plus ?
3. Qui a la meilleure coiffure de tous les dieux égyptiens ?

Hapi

Également orthographié Hapy ou Hap.

Le dieu du Nil

Hapi était généralement représenté sous la forme d'un vieil homme gras avec des seins pendants de femme qui symbolisaient la fertilité du fleuve. Il portait une couronne de papyrus et de lotus, symboles du Sud et du Nord, ou portait le papyrus et le lotus dans ses bras, montrant ainsi que le fleuve était le lien entre la Haute et la Basse-Égypte.

En tant que personnification du Nil, Hapi était un aspect de Nun, les eaux primitives abyssales d'où émergeaient toutes choses, y compris le grand dieu soleil Rê. On pensait que le Nil faisait partie d'un courant céleste qui encerclait la terre ; le bateau de Rê naviguait chaque jour sur ce courant.

D'un point de vue pratique, le Nil était une source continuelle de subsistance pour les Égyptiens, qui dépendaient de l'eau vivifiante de ses crues périodiques pour leurs cultures. En raison du rôle central du Nil dans la vie des anciens Égyptiens, Hapi occupait une place unique et revêtait une importance particulière dans la religion égyptienne, bien qu'il ne soit pas un dieu sanctifié dans l'un des systèmes théologiques sacerdotaux égyptiens.

À la fin de l'époque dynastique (664-332 av. J.-C.), Hapi a été considéré comme le créateur de toutes choses, et des hymnes louant le dieu pour son importance vitale pour tout ce qui vit ont été dédiés à cette divinité.

1. Pensez-vous que certains dieux pratiquent la tromperie et la ruse trop souvent pour leur propre bien ?
2. Quelle est la responsabilité de l'homme lorsqu'il se trouve dans une position où il doit communiquer avec les dieux égyptiens ?
3. Pourquoi (certains) dieux égyptiens se battent-ils toujours entre eux ?

Horus

Horus était le nom latin de l'égyptien Heru.

Le dieu du ciel à tête de faucon, fils d'Osiris et d'Isis.

Horus a revêtu de nombreux aspects en tant que divinité centrale du panthéon égyptien. Le culte d'Horus est né à l'époque prédynastique et s'est répandu et consolidé dans toute l'Égypte ancienne. Horus était également souvent amalgamé à une ou deux autres divinités. À l'époque romaine, Horus et sa mère, Isis, étaient vénérés ensemble.

Isis, Osiris, Nephtys et Seth étaient les quatre enfants de la déesse du ciel Nut et du dieu de la terre Geb. Selon le mythe le plus répandu de la naissance d'Horus, il était le fils d'Isis et d'Osiris. Isis l'a conçu par magie après que son frère et son mari Osiris aient été assassinés par le maléfique Seth.

Isis se cacha dans les marais du delta du Nil et donna naissance à Horus. Elle l'a élevé en secret pour empêcher Seth de le trouver et de lui faire du mal.

Lorsqu'il grandit, Horus défia son oncle Seth au combat pour venger la mort de son père. Ce combat a parfois été interprété comme une bataille entre l'esprit de la lumière, personnifié par Horus, et l'esprit des ténèbres, personnifié par Seth. Il est également considéré comme un combat pour la succession à la royauté, Horus, fils du roi légitime, contestant la prétention au trône de son oncle. Historiquement, le symbole de la royauté était le faucon, et le nom d'Horus était associé au roi comme premier titre de son nom royal à la fin de l'époque prédynastique.

Dans leur combat, Horus a perdu un œil. Seth fut également blessé, et les dieux le jugèrent comme le perdant de la bataille. Dans diverses versions, Seth a été contraint de rendre l'œil, ou bien le dieu Thot a guéri l'œil et l'a rendu à Horus.

Le symbole de l'œil restauré, connu sous le nom d'utchat, était considéré comme une amulette puissante. Dans une version du mythe, Horus a donné son œil restauré à son père Osiris, le dieu des morts. À sa place, il mit un serpent divin, qui devint par la suite l'emblème de la royauté. Horus succéda à son père, Osiris, en tant que pharaon vivant et roi de tout le pays.

Selon d'autres mythes, Horus était le fils d'Hathor, déesse de la fertilité à tête de vache, dont le nom signifiait la "maison d'Horus". À la tombée de la nuit, Horus, sous la forme d'un faucon, s'envolait dans la bouche d'Hathor, et chaque matin, il s'envolait de son ventre, renaissant.

Les quatre fils d'Horus jouaient un rôle important dans les rituels funéraires égyptiens. Ils gardaient les vases canopes qui contenaient les organes internes du corps momifié. Ces jarres étaient placées près de la momie au moment de l'enterrement. Le sommet de chaque jarre ressemblait au dieu qui avait autorité sur son contenu.

Amset à tête humaine (également appelé Mestha ou Imsety) gardait le foie du défunt et était lui-même sous la protection d'Isis. Hapi, à tête de babouin, gardait les poumons et était protégé par Nephtys, la sœur d'Isis. Duamutef, à tête de chacal ou de chien, gardait l'estomac et était protégé par la déesse Neith (ou Net).

Qebsennuf, à tête de faucon, gardait les intestins et était protégé par la déesse Selket. Ces quatre fils d'Horus étaient fréquemment représentés dans les scènes funéraires ; dans le Livre des morts, leurs figures se tiennent au-dessus d'un lotus ouvert en présence d'Osiris.

Les principaux aspects d'Horus avaient des formes distinctes et des fonctions bien définies. On pense qu'ils ont pu être des dieux distincts dans l'Antiquité, mais qu'ils ont finalement fusionné pour devenir les aspects d'un même dieu. Parmi ces formes, on trouve Horus enfant, homme, vengeur de son père et dieu uni à Rê.

Harpocrate (ou Har-pe-khrad) était adoré comme Horus l'enfant. Il était souvent représenté comme un nourrisson allaité par Isis. Parfois, il était représenté sous la forme d'un adolescent nu dont les cheveux étaient coiffés d'une queue de pie caractéristique de la jeunesse. Haroeris (Harwer) était le nom d'Horus l'Ancien, ou Horus le Grand. D'origine prédynastique, cet aspect d'Horus était considéré comme le fils de Rê et d'Hathor, ou, alternativement, de Khnoum et de Heqet.

Harmakhis (Har-em-akhet) avait une tête de faucon et portait la double couronne égyptienne. Cet aspect d'Horus était associé à la bataille pour vaincre Seth, le dieu de la mort et du mal. Harsiesis (Har-si-Ese) était associé à Horus en tant que vengeur de son père Osiris et était vénéré dans le grand temple d'Idfou.

C'est à Idfu que la bataille légendaire entre Horus et Seth est censée avoir eu lieu ; le mythe pourrait être né d'un conflit réel entre des factions royales au cours de la 2e dynastie.

Les Grecs assimilaient Harsiesis à leur dieu Apollon. Il était représenté comme un humain à tête de faucon, portant une double couronne, maniant une lame courbe et tenant une ankh, symbole de la vie. Harakhte (également appelé Herkhty ou Harmachis), ou Horus de l'horizon, était lié au Grand Sphinx de Gizeh. Harakhte était représenté comme un être humain avec une tête de faucon. Cet aspect d'Horus était considéré comme une manifestation du dieu du soleil, Rê.

---

1. Quel Dieu est le père d'Horus et pourquoi Horus le protège-t-il avec tant de diligence ?

2. Quels sont les autres noms que portent vos dieux égyptiens préférés ?

3. Si l'un de ces dieux pouvait emmener une personne dans une autre dimension ou ailleurs, qui choisiriez-vous pour vivre dans son monde ?

Khepri

Également appelé Khepra, Khepera, Khopri, Kheprer ou Chepera.

Le dieu du soleil du matin

Khepri était représenté comme un humain avec la tête d'un scarabée ou simplement par la forme du scarabée lui-même. Khépri représente le pouvoir de création et de transformation du soleil. En tant que soleil du matin, Khépri était considéré comme un aspect du dieu du soleil Rê.

Les Égyptiens de l'Antiquité ont remarqué que le scarabée, ou bousier, pond ses œufs dans une boule d'excréments et fait rouler la boule sur le sol pendant que les œufs à l'intérieur éclosent aux stades larvaire et nymphal. Après 40 jours, les jeunes émergent sous forme de petits coléoptères ailés. Il est possible que ces coléoptères aient été associés au soleil car ils volent pendant la partie la plus chaude de la journée.

Les Égyptiens croyaient que le défunt Osiris avait subi une telle métamorphose dans l'obscurité du monde souterrain (Duat) et, comme les scarabées émergent de la matière inerte avec un noyau vivant qui se transforme en vie active, Khépri symbolisait la résurrection du corps. Rê, en tant que Khépri, faisait rouler le soleil dans le ciel à la manière du scarabée qui fait rouler sa boule sur la terre.

Le scarabée lui-même était considéré comme une incarnation du dieu Khépri, et les amulettes et charmes en forme de scarabée étaient censés attirer le pouvoir et la protection du dieu et assurer la renaissance du porteur.

Ces amulettes étaient souvent enterrées avec le corps momifié afin de garantir une renaissance et un passage sûr dans le monde souterrain. Souvent, ces scarabées portaient des inscriptions gravées dans le Livre des morts, un recueil de textes mortuaires. À l'époque romaine encore, on sait que les soldats romains qui partaient au combat portaient des bagues en forme de scarabée.

Le culte du scarabée était bien plus ancien en Égypte que celui de Rê. Dans certains mythes, Khepri lui-même a surgi du chaos primitif, Nun, et a créé l'univers ; dans une variante, c'est Rê qui a créé l'univers sous la forme de Khepri.

Par union sexuelle avec sa propre ombre, Khepri engendra ensuite le dieu de l'air Shu et sa sœur Tefnut, déesse de l'humidité, dont descendent les autres dieux.

Questions de recherche

1. Qu'est-ce que les Égyptiens considèrent comme important dans leurs divinités et pourquoi devrait-on s'intéresser aux croyances d'une culture sur ses divinités, si ce n'est pour apprendre et grandir en tant que personne ?
2. Choisiriez-vous de ne vous associer qu'aux dieux égyptiens qui avaient de bonnes intentions pour les humains, ou ne jugeriez-vous pas ceux d'autrefois en fonction de la façon dont nous les voyons aujourd'hui ?
3. Quelle est la chose la plus intéressante que vous avez apprise aujourd'hui ou la semaine dernière en étudiant ce sujet ?

Khnum

Également orthographié Khnemu, Khnoumis, Chnuphis, Chnemu, ou Chnum.

Un dieu créateur à tête de bélier qui façonnait les êtres humains sur son tour de potier.

Associé au dieu Ptah de Memphis, qui était censé avoir façonné le ciel et la terre sur un tour de potier, Khnoum était censé avoir moulé le grand œuf cosmique qui contenait le soleil et façonné tous les peuples du monde sur son propre tour de potier. Son nom signifie "mouleur".

Khnoum est également associé à la déesse Maat (vérité) et à Thot, le scribe divin. Au cours du Nouvel Empire, le centre de son culte se trouvait à Éléphantine, région qui, selon les anciens Égyptiens, était la source du Nil. Khnoum était appelé Seigneur de la première cataracte, et sa déesse compagne, Satet, était adorée à Éléphantine avant lui.

À l'origine, Khnoum était peut-être une déesse plutôt qu'un dieu. On sait qu'il a été adoré dès 3000 avant J.-C. La place de Khnoum dans le panthéon a évolué au cours de l'histoire égyptienne, mais il a toujours été considéré comme une divinité importante. Le temple funéraire du Nouvel Empire de la reine Hatchepsout à Deir el-Bahri contient un portrait du dieu Khnoum façonnant le corps et l'âme de la reine sur son tour de potier. Son image apparaît encore en l'an 300 sur des papyri et des pierres précieuses gnostiques.

1. Quels sont vos cinq dieux égyptiens les plus puissants ?
2. Dans les mythes, la plupart des gens utilisent les dieux pour légitimer leur domination et leur pouvoir sur les gens - pourquoi pensez-vous que c'est le cas ?
3. Avez-vous une paire de dieux égyptiens préférés ? Pourquoi sont-ils vos préférés ?

Khons

Également orthographié Khonsu, Chunsu, Khuns, ou Chons.

Un dieu de la guérison, de la fertilité, de la conception et de l'accouchement.

Considéré à la fois comme une divinité solaire et lunaire, bien que plus souvent associé à la seconde, Khons était le fils du dieu Amon et de la déesse Mout. Avec ses parents, il était vénéré dans le cadre de la triade de Thèbes. Il était également considéré comme un navigateur qui traversait le ciel en bateau, et dans ce rôle, Khons était appelé "le Voyageur".

En tant que fils d'Amon et de Mout, Khons avait un rôle dans la triade thébaine qui était équivalent à celui de Nefertem, fils de Ptah et de Sekhmet, dans la triade précédente de Memphis. Avec ses parents, Khons était représenté comme un garçon nu, les cheveux dans la mèche latérale qui caractérise la jeunesse.

Sous sa forme adulte, Khons était représenté comme un homme, parfois avec une tête de faucon, couronné du disque lunaire et du croissant de lune ou du disque solaire et du cobra (uraeus). Dans ses mains, il tenait tous les symboles de la divinité et du pouvoir pour montrer l'étendue de son domaine.

Dans un mythe, un roi de Thèbes priait Khons de sauver la fille du prince de Bekhten, qui était malade parce qu'elle était possédée par un démon. Le roi pria une statue de Khons et celle-ci hocha la tête pour montrer qu'elle répondrait à la prière du roi et aiderait la jeune princesse.

La statue a ensuite été envoyée dans la ville du prince, et Khons a forcé le démon à quitter le corps de la jeune fille. Puis Khons s'est envolé vers Thèbes sous la forme d'un faucon.

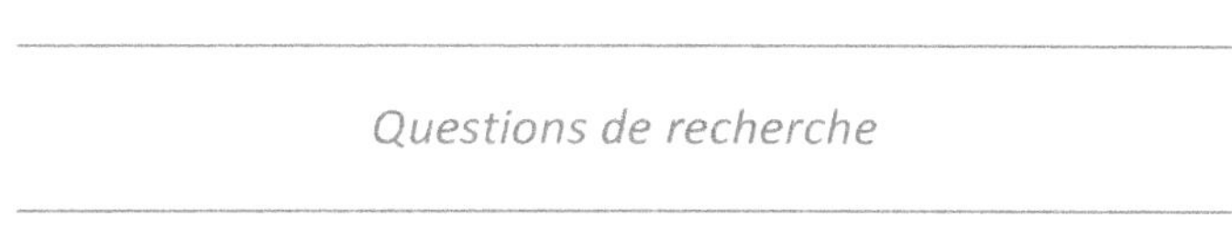

1. Qui était le dieu de l'écriture et de la mesure chez les anciens Égyptiens ?
2. Combien de dieux pouvez-vous nommer qui avaient une association avec un ou plusieurs animaux spécifiques ?
3. Que pensez-vous des dieux égyptiens masculins ?

Mont

Également orthographié Ment, Mentu, Menthu, Montu, ou Munt.

Une divinité solaire à tête de faucon, parfois considérée comme un dieu de la guerre.

Avant l'avènement d'Amon-Rê, Mont, souvent associé au dieu soleil Rê, était vénéré à Thèbes sous le nom de dieu Mont-Ré.

Mont était vénéré à Karnak et à Hermonthis (Armant) comme seigneur du ciel et était également vénéré à Idfu et à Dandarah (Dendera). À Memphis, en Égypte, il était associé au taureau sacré de Rê.

Mont était généralement représenté sous la forme d'un corps d'homme avec une tête de faucon ou d'épervier, portant une coiffe composée de l'uræus (serpent), du disque solaire et de doubles plumes.

On pense que cette divinité personnifiait la chaleur destructrice du soleil et que les Égyptiens priaient Mont de détruire leurs ennemis à la guerre en utilisant ses lances enflammées.

Questions de recherche

---

1. Selon vous, quel est le plus sexy de tous les dieux égyptiens masculins ?
2. Ces anciens Égyptiens avaient-ils une personnification de leurs divinités ?
3. Quel outil aurait été utilisé par les Égyptiens pour diverses fonctions, notamment pour éliminer les impuretés de l'or ?

Nefertem

Également orthographié Nefertum.

Le dieu de la création du jour chaque matin, associé à la fleur de lotus.

Nefertem était également le dieu des parfums et des arômes, car la chimie des huiles parfumées était une science égyptienne importante et très sophistiquée.

Nefertem, avec sa mère Sekhmet et son père Ptah, constituait la triade de dieux dont le culte était centré sur la ville égyptienne de Memphis.

Nefertem était symbolisé par le lotus car, dans certains mythes, on pensait que le soleil émergeait d'une fleur de lotus chaque matin et retournait à un lotus le soir. Il était généralement représenté sous la forme d'un homme portant une coiffe à plumes et tenant un sceptre en forme de lotus, un sabre courbe ou l'ankh, le symbole de la vie.

Parfois, Nefertem était représenté avec la tête d'un lion et le corps d'une momie ou debout sur le dos d'un lion. Dans les textes tardifs, il était associé à Horus ou à Thot. Le frère de Nefertem, I-em-hetep (également orthographié Imhotep), qui signifie "Je viens en paix", était également le fils de Ptah. I-em-hetep était un dieu de la guérison et de l'art de la médecine. Nefertem était généralement représenté coiffé d'une calotte et portant un rouleau de papyrus pour symboliser l'étude et le savoir.

I-em-hetep était dérivé d'un personnage historique réel : Imhotep, l'architecte de la pyramide à degrés du roi Djoser à Saqqārah, était considéré comme si brillant qu'il fut déifié.

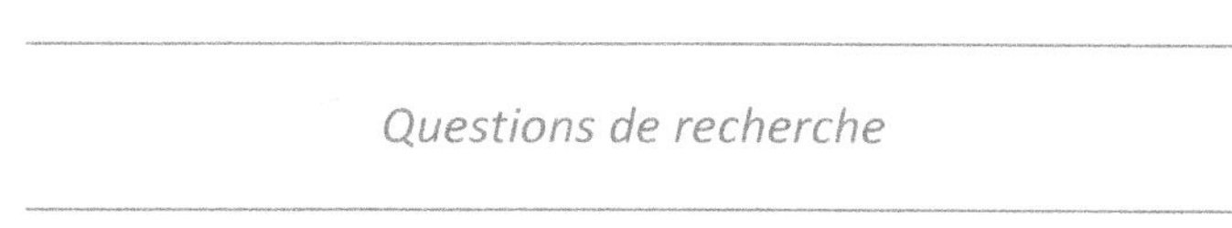

Questions de recherche

1. Quel est votre dieu égyptien masculin préféré ?
2. Où trouve-t-on des documents sur l'Égypte ancienne ?
3. À ton avis, comment étaient les Égyptiens avant d'être gouvernés par les pharaons ?

Isis et Osiris

Dieu du soleil, de l'agriculture et de la santé. Sa reine est Isis, qui est aussi sa femme et sa sœur.

Isis représentait la lune, comme Osiris le soleil, et était censée avoir enseigné aux Égyptiens les arts de l'agriculture et de la médecine. On attribuait également à Isis la création du mariage.

Osiris avait un frère maléfique, Seth, dieu du désert. Seth incita Osiris à entrer dans un grand coffre, qui fut ensuite fermé et jeté dans le Nil. Isis récupéra le corps de son mari, mais Seth le prit et le coupa en morceaux. Isis enterra les morceaux, et Osiris fut dès lors considéré comme le dieu des morts. Son fils, Horus, se vengea du meurtre en conquérant Seth.

Sur Terre, Osiris a pris la forme du taureau sacré, Apis. Des noms combinés Osiris-Apis est né Sarapis, un autre nom pour Osiris. Plus tard, Sarapis a été considéré comme un dieu distinct. Osiris était souvent représenté enveloppé dans des tissus de momie et portant une couronne.

Isis était souvent représentée avec son fils en bas âge, Horus. Isis était également représentée portant des cornes de vache, car la vache était considérée comme sacrée pour elle. À partir du 7e siècle avant J.-C., son culte était le plus populaire en Égypte. Dans le port maritime d'Alexandrie,

Isis était considérée comme la protectrice des marins, et de là, son culte s'est répandu en Grèce et à Rome.

1. Comparez Osiris et Horus : quelles sont les principales différences entre eux et comment sont-ils devenus chacun roi d'Égypte ?
2. Pourquoi Isis est-elle une déesse si importante en Égypte ?
3. Nommez quelque chose qui rend Osiris tout simplement génial ?

Ptah

L'architecte cosmique, un dieu des arts, de l'artisanat et des métiers, et un protecteur des artisans.

Les Grecs identifiaient Ptah à leur dieu Héphaïstos, et les Romains à Vulcain.

Ptah est l'un des dieux les plus importants du panthéon égyptien. Il était la divinité principale de la ville de Memphis et formait, avec sa femme Sekhmet et son fils Nefertem, la triade des dieux de Memphis.

Dans l'art égyptien, Ptah était souvent représenté sous la forme d'un homme barbu et chauve, coiffé d'un bonnet serré et portant un collier minutieusement décoré ; son corps était enveloppé dans un vêtement serré qui ne laissait que ses mains libres. Le ménat, symbole du plaisir et du bonheur, pendait le long de sa nuque.

Ptah était assis ou debout sur un piédestal symbolisant Maat, qui représentait la vérité et la justice, et tenait dans ses mains l'ankh, symbole de la vie, et le sceptre, symbole du pouvoir. Parfois, il était représenté sur son tour de potier. Les hiéroglyphes qui représentaient son nom comprenaient les significations "ouvrir", "graver", "sculpter" et "ciseler". Le nom de Ptah lui-même peut avoir signifié "sculpteur" ou "graveur".

Le principal attribut de Ptah était son pouvoir de donner une forme à toute chose, et il était appelé l'Architecte de l'Univers. Il a façonné les dieux, les villes, les provinces d'Égypte et toutes les choses de la beauté. Selon un texte, Ptah était le père d'Atoum, qui devint plus tard le dieu du soleil Rê.

Les Égyptiens croyaient que Rê était à l'origine des pensées. Puis le dieu de l'intelligence, Thot, donnait des mots aux pensées de Rê. Mais c'est Ptah qui donnait forme à ces pensées. Ptah était assisté par Maat, déesse de la vérité et de la justice, et par le dieu Khnemu, qui façonnait les humains sur son propre tour de potier. Ptah était une force créatrice même dans la mort, car il façonnait de nouveaux corps pour que les âmes des défunts puissent habiter dans le Duat (monde souterrain).

Ptah était souvent associé ou même fusionné avec d'autres dieux, notamment avec Osiris et avec Seker (également orthographié Soker). On pensait que Ptah existait au début des temps au sein de Nun, le chaos aqueux primitif, et que Ptah avait créé le monde à partir de ce chaos, soit en pétrissant de la boue, soit par la parole.

Ptah était identifié d'une certaine manière avec le taureau Apis, qui était également adoré à Memphis. On pensait que ce taureau était l'incarnation de Ptah pendant sa vie, mais à sa mort, il prenait l'identité du dieu Osiris et était appelé Sérapis.

On pensait également que Ptah avait absorbé les qualités d'un dieu prédynastique nommé Tenen, et cette forme combinée était généralement représentée comme un homme avec une couronne de plumes d'autruche, tenant un cimeterre. Parfois, Ptah était représenté avec les Sept Sages, des êtres issus des larmes de Rê et prenant la forme de faucons.

Les sept sages, ainsi que Thot dans son rôle de scribe, régissaient les lettres et l'apprentissage. Dans ces scénarios, Ptah était la force qui exécutait les ordres de ces divinités, donnant forme à leurs projets.

Après la dénonciation de l'hérésie d'Akhenaton et la restauration de la religion traditionnelle par Toutankhamon, il fut déclaré que tous les dieux étaient par essence au nombre de trois : Amon, Rê et Ptah. À l'époque ramesside, Ptah était encore hautement considéré, à tel point que le quatrième fils de Ramsès le Grand, Khaemwese, était célèbre comme grand prêtre de Ptah à Memphis.

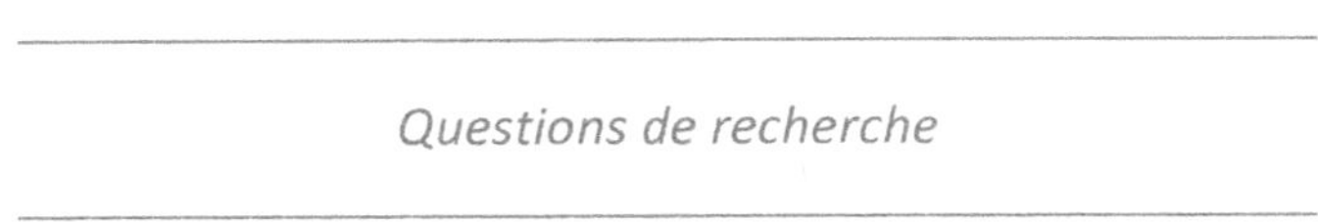

Questions de recherche

1. Qui était le premier dieu égyptien masculin ?
2. Selon vous, qui était le dieu égyptien le plus puissant ? Pourquoi pensez-vous cela ?
3. Que signifie le fait qu'un dieu prenne une forme ?

Re

Également orthographié Ra ou Phra.

Le dieu suprême du soleil, père de toute la création sous la forme d'Atum.

Rê, comme le dieu Horus, englobait de nombreux attributs et était souvent fusionné avec d'autres dieux pour former des dieux composites tels qu'Amon-Rê. Les pharaons revendiquaient leur légitimité au trône en tant que descendants de Rê. Le centre de son culte était la ville d'Héliopolis, située juste à l'est de la ville moderne du Caire, en Égypte.

Rê était généralement représenté soit sous la forme d'un faucon, soit sous celle d'un homme à tête de faucon. Sous sa forme de faucon, Rê était associé au dieu Horus. La coiffe caractéristique de Rê était un disque solaire entouré d'un uræus, ou serpent. Sous sa forme humaine, il tient l'ankh, symbole de la vie, dans sa main droite et le sceptre, symbole du pouvoir, dans sa main gauche.

Parfois, Re était représenté comme un lion ou un chat. En tant que personnification du soleil déclinant, le dieu était représenté comme un vieil homme appuyé sur son bâton. Dans les textes hiéroglyphiques, son nom était signifié par un œil, ou un cercle avec un point au centre.

Rê, en tant qu'Atum, était le créateur de l'univers, et tous les dieux qui participaient à la création étaient en définitive considérés comme des aspects de Rê. Lorsque le disque solaire de Rê s'est levé du chaos primordial et aqueux de Noun, le temps lui-même a commencé. Rê recommençait son voyage chaque matin et, sous la forme du dieu Khepri à tête de scarabée, il parcourait le ciel dans une barque céleste. Maat, la déesse de la vérité et de la loi, qui régissait la régularité de tous les mouvements célestes, terrestres et souterrains, fixa le cap de la barque au moment de la création. La barque du matin était appelée Matet (également appelée Mantchet ou Manjet), dont le nom signifiait "devenir fort". À midi, Rê atteignait l'apogée de ses pouvoirs.

Lorsque le soleil commençait à décliner, Rê devenait Atum, et au crépuscule, il apparaissait sous la forme d'un vieil homme. Dans sa descente, le dieu chevauchait la barque du soir, Semktet (ou Mesektet), dont le nom signifiait "devenir faible". Il poursuivait son voyage dans le monde souterrain, Duat, pour répandre la lumière, l'air et la nourriture aux âmes qui y résidaient. Abtu et Ant, deux poissons, nageaient devant le bateau pour le guider le long de son chemin trouble.

Dans Duat, Rê s'est allié à d'autres dieux pour lutter contre les démons du monde souterrain, déterminés à obstruer la route de son bateau et à empêcher ainsi le soleil de se lever le lendemain matin.

Le principal adversaire de Rê était le maléfique Seth, qui prit la forme d'un serpent géant appelé Apopis et engagea le combat avec le dieu du soleil juste avant l'aube. Deux autres démons, Sebau et Nak, aidaient Apopis.

Les prêtres du temple de Rê à Thèbes récitaient des versets rituels décrivant cette bataille du bien contre le mal, convaincus que cela aidait Rê dans sa conquête des ténèbres. Rê jeta un sort à Apopis, lia et démembra le démon, puis le brûla, comme le soleil disperse les brumes de la nuit.

Lors de la création, Rê créa les jumeaux Shou et Tefnout, respectivement l'air et l'humidité, à partir de son sperme ou de sa salive. Les jumeaux donnèrent à leur tour naissance à la déesse du ciel Nut et au dieu de la terre Geb. De l'union de Nut et de Geb naquirent Osiris, Isis, Seth et Nephtys. Ensemble, ces neuf divinités étaient appelées l'ennéade héliopolitaine (groupe des neuf).

Plusieurs mythes populaires dépeignent Rê comme un vieil homme faible d'esprit ; dans l'un d'eux, Isis a failli acquérir le pouvoir de Rê. Rê gardait son vrai nom secret, refusant de le révéler à quiconque de peur que ses ennemis n'utilisent son pouvoir contre lui.

Isis a réalisé que si elle connaissait ce nom, elle serait son égale. Isis a fabriqué un serpent venimeux avec de la poussière mélangée à la salive de Rê. Elle plaça le serpent sur le chemin de Rê alors qu'il voyageait dans le ciel et lui demanda magiquement de piquer le dieu du soleil. Rê fut affligé par le venin de cette morsure et tomba malade au point d'en mourir. Isis accepta de le guérir par sa magie s'il lui disait son nom secret. Rê le fit et Isis, fidèle à sa parole, prononça une incantation magique qui guérit le dieu mourant. Comme elle l'avait prévu, sa stature parmi les dieux fut élevée, bien qu'elle n'ait jamais complètement usurpé le dieu Soleil.

Dans un autre mythe, Rê, irascible dans sa vieillesse, se mit en colère contre l'humanité qui lui désobéissait. Il envoya la déesse de la fertilité à tête de vache, Hathor, accompagnée de la déesse des flammes à tête de lion, Sekhmet, pour détruire l'humanité. Hathor et Sekhmet ont apprécié le massacre, se baignant dans le sang.

À la vue de leur frénésie, Rê s'est repenti. Pour arrêter la destruction des déesses, il inonda la terre de bière teintée d'ocre rouge. Croyant qu'il s'agissait de sang, ils la burent et s'enivrèrent tellement qu'ils oublièrent le massacre, et le reste de l'humanité fut épargné.

Le pharaon Khafre (ou Chephren), de la 4e dynastie, est le premier roi connu à s'être déclaré fils du dieu Rê. On croyait que lorsque la divinité des pharaons devait être renforcée, Rê prenait la forme du pharaon et fécondait la reine. L'héritier du trône était non seulement considéré comme un véritable fils du dieu, mais aussi comme le dieu incarné.

Au cours de la 5e dynastie, le culte d'Osiris, dieu des enfers, se répandit vers le sud, de la ville de Busiris, dans le delta, jusqu'à Abydos, en Haute-Égypte. Les prêtres de Rê ont lutté pour maintenir l'autorité de leur dieu suprême, mais à la 7e dynastie, Osiris avait acquis une popularité supérieure à celle de Rê.

Re s'est vu attribuer un rôle dans le passage des morts et a été représenté en train de dresser des échelles dans les tombes des pharaons morts pour les aider à s'échapper des enfers.

À partir de la 12e dynastie, Rê commence à fusionner avec Amon, le dieu local de Thèbes qui domine la Haute-Égypte. Après l'expulsion des Hyksos par Kamose, un roi de la 17e dynastie, Rê sous le nom d'Amon-Ré gagne en popularité. Amon-Rê était connu comme le dieu dont tous les autres dieux étaient des aspects. Plus tard, Amenhotep IV tenta d'élever Aton, le disque du soleil lui-même, au rang de dieu unique. Bien que cette doctrine ait été rejetée à la fin du règne d'Amenhotep IV, elle a servi à rediriger l'attention vers les divinités solaires.

Rê était évoqué sur les murs des tombes de Séti I et de Ramsès IV, et au cours des 19e et 20e dynasties, une litanie contenant 75 formes du nom du dieu était chantée dans les temples de Rê.

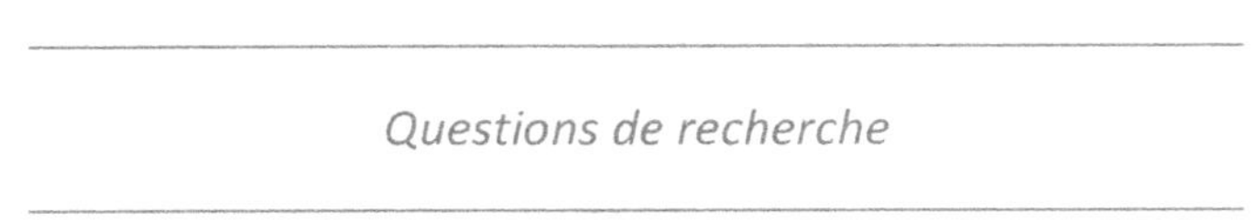

Questions de recherche

1. Comment se fait-il que Râ soit juste un des nombreux dieux et pas LE dieu de l'Égypte ?
2. Quelles couleurs porte Râ ?
3. Les dieux égyptiens masculins vous semblent-ils masculins ou féminins ?

Shu

Le dieu de l'air

L'épouse et sœur jumelle de Shou était Tefnout, déesse de l'humidité. Shou et Tefnout ont eu deux enfants, Nut (ciel) et Geb (terre). Le tout-puissant dieu du soleil, Rê, ordonna à Shou de séparer la déesse du ciel Nut de son frère Geb, dieu de la terre, et Shou maintint éternellement les deux séparés l'un de l'autre, créant ainsi la lumière et l'espace entre le ciel et la terre. Shou était vénéré dans le cadre d'un système de dieux dans l'ancienne ville égyptienne d'Héliopolis.

Shu était presque toujours représenté comme un homme barbu portant une coiffe composée d'une plume d'autruche (le symbole de Maat, qui représentait la vérité et la loi) ou de plusieurs plumes et tenant un sceptre, le symbole du pouvoir. Souvent, Shu était représenté avec les pieds posés sur Geb, la terre, et les bras levés vers Nout, le ciel. On pense que le nom de Shu signifiait "celui qui soutient".

Selon un mythe, Shu et sa sœur Tefnout ont été conçus uniquement par Rê sous sa forme Atum (Re-Atum). Après s'être créé à partir de Nun, le chaos aqueux primitif, Atum souffla Shu et Tefnut de sa bouche.

Une autre histoire identifie la déesse à tête de vache Hathor, dans son aspect de compagne de Rê, comme la mère de Shu. Shu a été identifié avec le titan grec Atlas.

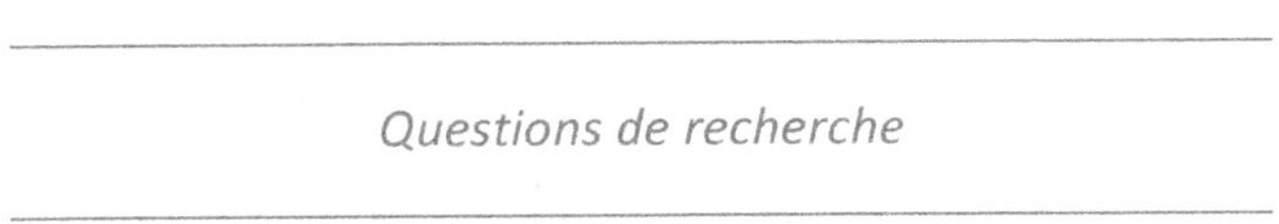

1. Pourquoi pensez-vous que les dieux égyptiens se sont éteints mais restent importants pour nous aujourd'hui ?
2. Pensez-vous que les dieux égyptiens masculins étaient perçus différemment des dieux féminins, en termes de rôles de genre pour les membres de leurs genres respectifs ?
3. Tous les dieux égyptiens ont-ils fini au paradis ?

Sebek

Également orthographié Sobek ou Sobk.

Un dieu associé non seulement à la mort et aux enfers, mais aussi - en tant qu'aspect du dieu tout-puissant Re - à la vie éternelle pour les cœurs purs.

L'historien grec Hérodote a noté que Sebek était également vénéré dans un temple insulaire du lac Moeris, sur la rive occidentale d'Al-Fayyum, ainsi que dans la ville de Thèbes. Le culte du crocodile divin, notamment en tant qu'oracle, a perduré jusqu'à l'époque de l'Empire romain.

Sebek était généralement représenté comme un homme à tête de crocodile, couronné du disque solaire et du cobra (uraeus) ou de plumes et d'une paire de cornes. Le crocodile vivant était considéré comme l'incarnation de Sebek, et dans ses temples, l'animal était adoré et consulté comme un oracle.

Selon les textes des pyramides de l'Ancien Empire, dans le Duat (monde souterrain), le cœur des morts était mis en balance avec la plume de Maat, la vérité ou la loi.

Ceux qui échouaient à cette épreuve étaient détruits à jamais et jetés en pâture à Ammit, la déesse à tête de crocodile, qui les dévorait. Mais le rôle de Sebek était aussi bien positif que négatif, signifiant que la mort pouvait mener à une nouvelle vie éternelle.

Sebek a joué un double rôle de protecteur et de destructeur menaçant dans les mythes égyptiens. Il était considéré à la fois comme l'ennemi et l'ami d'Osiris, dieu du Duat. Selon un récit, après que Seth eut assassiné Osiris, Sebek transporta le dieu mort sur la terre ferme et le ramena à la déesse Isis.

Les textes des pyramides racontent que Sebek aidait les morts en leur rendant la vue et d'autres facultés et qu'il les aidait à lutter contre Seth. Selon certains récits, Sebek devint le protecteur du dieu Horus lorsqu'il était enfant et le guida à travers les marais, où Isis l'avait caché de l'assassin de son père. Mais dans une autre version du mythe, Sebek était présenté comme une version du crocodile alignée sur Seth, et Isis devait placer Horus dans une arche de roseaux de papyrus tressés pour le protéger de Sebek, qui tentait de trouver et de tuer l'enfant.

Historiquement, lorsque le Nil était bas, les crocodiles sauvages parcouraient les terres fertiles de l'Égypte, menaçant la population. L'animal est donc logiquement devenu un symbole de peur et de destruction. Dans le recueil de textes mortuaires intitulé le Livre des morts, les crocodiles font partie des bêtes qui menacent l'âme du défunt.

L'aspect bénéfique du crocodile et son association avec Rê semblent avoir été un développement religieux ultérieur. Dans certaines régions d'Égypte, le crocodile continuait à être tué, notamment par la noblesse pour le sport. Dans d'autres régions, il était considéré comme un gardien sacré de l'Égypte.

Le centre du culte de Sebek était Krokodilopolis, où le crocodile sacré était nourri dans un lac sacré, apprivoisé et orné de bracelets sur ses pattes avant. Il était nourri de pain, de viande et de mets délicats, notamment de gâteaux au miel et au lait, et on lui donnait du vin à boire.

Après sa mort, il était embaumé, momifié et enterré selon un grand rituel. Sebek était également vénéré, avec Horus l'Ancien, au grand temple de Kom Ombo en Haute-Égypte.

1. Quel dieu égyptien masculin est le plus cool ?
2. Ces dieux masculins avaient-ils une famille à eux, comme des femmes et des enfants ?
3. Comment se fait-il que l'Égypte ancienne soit dominée par les hommes ?

Thoth

Aussi appelé Djehuti, Djhuty, Dhouti, Zehuti, Tahuti, Zhouti, Techa, ou Thout.

Thot est le dieu à tête d'ibis de la sagesse, de l'intelligence et de la magie.

Les Grecs identifiaient Thot à leur propre dieu Hermès et le considéraient comme la source de toute la sagesse connue de l'humanité. Les Grecs d'Alexandrie l'identifiaient comme le mage Hermès Trismégiste ("le trois fois grand").

Thot était l'un des premiers dieux égyptiens. En tant que scribe des dieux, il était associé à la parole, à la littérature, aux arts et à l'apprentissage. En tant que mesureur et enregistreur du temps, il était associé à la lune.

Thot était considéré comme l'inventeur des sciences et des hiéroglyphes et les Égyptiens le tenaient pour l'auteur de leur recueil de textes mortuaires intitulé Livre des morts. Le centre du culte de Thot était la ville d'Hermopolis en Haute-Égypte.

Thot était généralement représenté sous la forme d'un homme à la tête d'un ibis, un oiseau aquatique à bec courbe originaire de la région du Nil. Parfois, il était représenté par l'ibis seul. Parfois, Thot était représenté sous la forme d'un singe à tête de chien ou d'un babouin assis avec un croissant de lune sur la tête. En accord avec ses nombreux attributs, il était représenté avec une variété de symboles.

En tant que dieu de l'Égypte, Thot portait l'ankh, le symbole de la vie, dans une main, et dans l'autre il tenait un sceptre, le symbole du pouvoir. Dans le Livre des morts, il est représenté tenant une palette d'écriture et une plume de roseau pour enregistrer les actes des morts.

En tant que voix du dieu soleil Rê, il portait l'utchat, ou Œil de Rê, symbole de l'omniprésence du pouvoir de Rê. Thot a été diversement représenté portant un croissant de lune sur sa coiffe, la couronne Atef, ou la couronne de Haute et Basse-Égypte.

Thot a émergé des eaux primitives de Nun en même temps que Rê et n'est pas né de Rê comme les autres dieux. Thot était la voix de Rê. Lorsqu'il prononçait les mots de Rê, les souhaits du dieu du soleil étaient réalisés. Rê a conçu le monde, mais c'est Thot qui a prononcé les mots qui l'ont créé.

À ce titre, Thot était la personnification de la parole divine. Dans les mythes égyptiens de la création, Thot était lié à Khnoum, Maat et Ptah, ainsi qu'aux Ogdoad, quatre paires de divinités obscures de la création d'Hermopolis qui représentaient l'émergence des formes de vie sur terre à partir de la boue. Ces dieux avaient des têtes de grenouilles et de serpents et représentaient la nuit, le secret, l'obscurité et l'éternité. Thot était considéré comme leur maître.

Les Égyptiens croyaient que Thot, en tant que dieu de la lune, surveillait le ciel nocturne pendant que Rê voyageait dans les enfers. Dans d'autres mythes, Thot rejoignait Rê dans la bataille nocturne contre les puissances des ténèbres et du mal, afin que le soleil puisse se lever à nouveau le matin.

Les conseils et l'intervention de Thot sont mentionnés dans un certain nombre de mythes, dans lesquels il fait invariablement preuve de sagesse et de compassion. C'est Thot qui a donné à la déesse Isis les mots du sort qui ferait revivre son défunt mari, Osiris, et protégerait son fils, Horus. Thoth a jugé la bataille entre Horus et Seth, a rendu à Horus son œil perdu et a donné à Isis la tête d'une vache après qu'elle ait été décapitée.

Thot jouait un rôle important dans le monde souterrain, ou Duat. En tant que scribe de Maat, il enregistrait le jugement de l'âme de chaque personne. C'est Thot qui connaissait l'incantation qui ouvrait les portes de Duat et permettait à l'âme d'y entrer protégée.

A l'origine dieu de la création, on attribue à Thoth la fondation des pratiques civiques et religieuses et l'invention de l'écriture.

Thot était considéré comme le créateur de toutes les sciences et de tous les arts et aurait fondé toutes les structures civiques, y compris la religion et le gouvernement. Il comptait et mesurait tout dans le ciel et sur la terre, y compris les étoiles.

Comme le montre l'art égyptien, Thot présidait à l'enregistrement des actes des rois égyptiens. Dans les rituels des prêtres, Thot présidait à leurs incantations magiques.

Questions de recherche

1. Pourquoi certains de ces dieux n'interagissent-ils pas bien entre eux ?
2. Si vous pouviez penser à un dieu égyptien masculin pour diriger le monde, qui serait-ce ?
3. Quel est l'aspect le plus attirant de ce dieu égyptien ?

Femme Déesse

Bastet

Également appelé Bast, Pasht ou Ubastet.

Une déesse à tête de chat associée à la musique et à la danse, à la protection contre les maladies et les mauvais esprits, et à la sécurité des femmes enceintes.

Le centre de son culte se trouvait dans la ville égyptienne de Bubastis, dans la région orientale du delta du Nil, où, selon les informations, son temple se trouvait au centre de la ville et sa tour pouvait être vue de n'importe où dans la ville.

En général, les chats étaient tenus en haute estime dans la culture égyptienne ancienne. L'historien grec Hérodote a remarqué que lorsqu'un incendie se déclarait dans une maison égyptienne, les gens se préoccupaient davantage de sauver les chats que d'éteindre le feu. Lorsqu'un chat mourait, les habitants de la maison se rasaient les sourcils en signe de deuil.

Bastet, d'origine très ancienne, a peut-être été initialement conçue comme un lion plutôt que comme un chat domestiqué, mais cela n'est pas certain ; elle fut connue sous le nom de " Petit Chat ", tandis que la déesse à tête de lion Sekhmet fut connue sous le nom de " Grand Chat ". Bastet et Sekhmet étaient toutes deux liées au dieu Ptah de Memphis, en Égypte. Bastet était associée au pouvoir bénéfique et réchauffant du soleil, tandis que Sekhmet était associée au pouvoir ardent et destructeur du soleil.

On pensait que l'aspect négatif de Sekhmet avait la même relation avec Bastet, plus positive, que la déesse Nephtys avec sa sœur Isis. Parfois, Bastet est également identifiée à Hathor, la déesse à tête de vache. Bastet est parfois considérée comme la mère du fils de Ptah, Nefertem, dieu des parfums, mais c'est le plus souvent Sekhmet qui reçoit cette attribution.

Dans l'art égyptien, Bastet est généralement représentée comme une femme à tête de chat, tenant dans sa main droite un sistre, symbole de son association avec la musique, et dans sa main gauche un bouclier portant le visage d'un chat ou d'une lionne.

Parfois, Bastet était fusionnée avec Sekhmet et le dieu du soleil Re dans une divinité appelée Sekhmet-Bastet-Re, et cette divinité, clairement associée au pouvoir du soleil, était représentée comme un corps féminin avec une tête d'homme humain et deux têtes de vautours jaillissant de son cou. Elle avait des ailes aux bras et les griffes d'un lion.

Le festival de Bastet à Bubastis, qui se tenait en avril et en mai, était l'un des plus populaires d'Égypte. Il était célébré par des festins, des beuveries, des chants et des danses dans des barges le long du Nil. On rapporte que plus de 700 000 personnes assistaient à ce festival chaque année.

Les chats morts étaient embaumés, momifiés et enterrés en grande pompe dans une nécropole du temple de Bastet. Pendant la durée du festival, le pharaon s'abstenait de chasser le lion par respect pour la déesse. Les Grecs anciens assimilaient Bastet à leur déesse Artémis.

Questions de recherche

---

1. Comment le monde pourrait-il apprendre des déesses
   égyptiennes ?
2. Les anciens Égyptiens ont-ils jamais cessé d'adorer leurs dieux ?
3. Lequel des dieux égyptiens féminins admirez-vous le plus et
   pourquoi ?

Hathor

Également orthographié Athor.

La déesse de l'amour, de la fertilité, de la beauté, de la musique et de la joie.

Hathor était représentée soit sous la forme d'une vache, soit sous celle d'une femme portant des cornes de vache entre lesquelles se trouvait le disque solaire. Le culte prédynastique des vaches a peut-être donné naissance à la figure d'Hathor, l'une des plus anciennes divinités connues en Égypte.

Le nom d'Hathor signifie "maison d'Horus", en référence à un mythe dans lequel Hathor, sous la forme d'une vache, se tenait sur la terre de sorte que ses quatre pattes devenaient des piliers soutenant le ciel tandis que son ventre formait le firmament.

Horus, le dieu du ciel, entrait chaque soir dans sa bouche sous la forme d'un faucon et en ressortait chaque matin. En raison de ce mythe, Hathor était parfois considérée comme la mère d'Horus. Plus tard, Hathor a été considérée comme l'épouse d'Horus.

Leur fils Harsomtus, également appelé Ihy ou Ahy, était adoré pendant la période ptolémaïque comme un dieu de la musique. Hathor et son fils étaient souvent représentés tenant un sistre, un instrument en forme de hochet censé repousser les mauvais esprits.

Dans le monde souterrain, connu sous le nom de Duat, Hathor fournissait une nourriture spirituelle aux âmes des morts. Bien que ses qualités nourricières l'assimilent à Isis et à d'autres déesses mères, elle représentait également la destruction. Selon un mythe, le dieu du soleil Rê, dans sa vieillesse, décida de punir la désobéissance de l'humanité et désigna Hathor comme un fléau.

La déesse se mit à massacrer avec une telle ferveur que Rê se repentit quelque peu et décida que toute l'humanité ne devait pas être punie. Les autres dieux inondèrent les champs d'une boisson enivrante teintée d'ocre rouge. Hathor but la bière, pensant que c'était du sang, et s'enivra tellement qu'elle cessa sa tâche.

Les sanctuaires d'Hathor étaient courants dans toute l'Égypte, et elle était l'un des dieux vénérés à Héliopolis. Son temple principal se trouvait à Dandarah (Dendera). La plus importante des nombreuses fêtes du temple était la célébration de la naissance d'Hathor, qui avait lieu à l'arrivée de la nouvelle année. Cette fête était l'occasion de se réjouir sans retenue en l'honneur de la déesse de la gaieté. Les Grecs identifiaient Hathor à leur déesse Aphrodite.

Questions de recherche

1. Selon vous, qui est le plus puissant des dieux égyptiens féminins ?
2. En quoi Hathor est-elle différente des autres dieux égyptiens ?
3. Quel est ton dieu égyptien préféré et quelles histoires cool as-tu apprises à son sujet ?

Heqet

Également orthographié Heqtit ou Hekt.

Une déesse à tête de grenouille qui personnifie la génération, la naissance et la fertilité.

Heqet était parfois représenté avec le corps d'une grenouille, et les amulettes de grenouilles étaient courantes dans l'Égypte ancienne en tant que charmes pour la fertilité.

Heqet a aussi probablement joué un rôle dans le mythe de la renaissance du dieu Osiris, puisqu'elle est représentée comme présente lors de sa momification, assise sur un piédestal au pied de son cercueil.

Le culte de la grenouille était l'un des plus anciens cultes d'Égypte. On pensait que les dieux et les déesses grenouilles avaient joué un rôle essentiel dans la création du monde. Juste avant la crue annuelle du Nil, les grenouilles apparaissaient en grand nombre, ce qui explique peut-être leur association avec la fécondité et le début de la vie dans le monde.

L'Ogdoade hermopolitaine se composait de quatre paires de dieux primitifs très anciens représentant la nuit, l'obscurité, l'éternité et le secret, et de leurs déesses correspondantes. Ces dieux étaient tous représentés avec des têtes de grenouilles, tandis que leurs homologues féminins étaient représentés avec des têtes de serpents.

Heqet est mentionnée dans les "Textes des Pyramides" de l'Ancien Empire et est considérée comme une forme de la déesse Nut ou de la déesse Hathor.

Elle était peut-être à l'origine la contrepartie féminine du dieu de la création à tête de bélier Khnoum, qui façonnait la forme des humains sur un tour de potier, ou du dieu crocodile Sebek-Re de Kom Ombo.

On dit également que Heqet était présente lors de la conception de la reine Hatchepsout en tant que déesse de la naissance, et qu'elle a assisté à la scène lorsque Khnoum a formé le corps d'Hatchepsout sur son tour de potier.

1. Quelle déesse égyptienne serait la meilleure personne à fréquenter à l'Halloween ?
2. À votre avis, que fait votre dieu égyptien préféré pour s'amuser ?
3. Que pouvons-nous apprendre de la manière dont les femmes étaient représentées comme des dieux dans l'Égypte ancienne ?

Maat

Également orthographié Mayet, Maa, Maet, Maht, Maut.

Déesse de la vérité, de la loi, de la justice et de l'harmonie, elle est la personnification de l'ordre cosmique.

Ancienne divinité d'origine prédynastique, Maat était la fille du dieu du soleil Rê et aurait surgi avec Rê lui-même du chaos primordial de Nun. À l'origine, Maat déterminait la course quotidienne du soleil. Son domaine s'étendait à tous les coins de l'univers. Son nom signifie "droit" et a fini par impliquer tout ce qui était authentique, réel ou vrai.

En sa qualité de déesse de l'ordre divin, Maat était également associée aux dieux de la création Thoth, Ptah et Khnum. Elle peut être considérée comme l'homologue féminin de Thot. Déité auto-créée, Maat se tenait avec Thot dans la barque de Rê lorsqu'elle s'éleva pour la première fois au-dessus des eaux primitives de Nun. En tant que lien entre la religion et l'ordre social, Maât a influencé tous les aspects de la vie très structurée de l'Égypte ancienne.

Maat était généralement représentée sous la forme d'une femme portant une coiffe composée d'une seule plume d'autruche. La symétrie de la plume symbolisait peut-être l'égalité et l'équilibre. Dans Duat, le monde souterrain, la Salle du Jugement (également appelée Salle de Maati) était son royaume, où elle était souvent représentée doublée. Ce dédoublement peut avoir symbolisé l'union de la Haute et de la Basse Égypte.

Comme Thot, Maat jouait un rôle central dans le jugement des morts à Duat. Comme le montre le recueil de textes mortuaires intitulé le Livre des morts, sa plume était placée dans un plateau de la balance utilisée pour peser l'âme du défunt.

Thot tenait un registre de la procédure. Maat présidait également les 42 assesseurs qui devaient approuver le passage avant que le défunt puisse être introduit en présence d'Osiris, dieu des enfers, et commencer la vie éternelle.

Pendant les périodes ptolémaïque et romaine, les juges égyptiens portaient des amulettes de Maat autour du cou comme emblèmes de justice et de vérité.

Questions de recherche

1. Selon vous, comment les Égyptiens anciens définissaient-ils la beauté d'une divinité ? Y a-t-il une caractéristique spécifique qu'ils lui attribuaient et qui pouvait la faire paraître plus attrayante ou plus séduisante ?
2. Est-ce que tous les dieux féminins sont liés les uns aux autres ?
3. Y avait-il un sphinx ou un grand chat qui avait la tête d'une femme attirante comme certaines déesses ?

Mut

Également orthographié Maut.

Déesse mère à tête de vautour, épouse du grand dieu Amon et mère de Khons.

Les Grecs identifiaient Mut à leur déesse Hera.

Amon, Mout et Khons formaient la triade divine à Thèbes. Amon était souvent représenté avec sa compagne Mout à ses côtés. Elle était parfois représentée sous la forme d'un corps de vautour, d'une femme à tête de vautour ou d'une femme portant une coiffe de vautour et les couronnes unies de Haute et de Basse-Égypte.

Parfois, Mout était représentée debout, les bras ailés tendus. Dans ses mains, elle tenait l'ankh, signe de vie, et un sceptre de papyrus, et à ses pieds se trouvait la plume de Maat, qui représentait la vérité.

Les reines égyptiennes portaient le symbole du vautour sur leur couronne. On pense que le vautour a été adopté comme symbole de la maternité divine parce que le vautour était connu pour être particulièrement consciencieux et protecteur de ses petits et parce que les Égyptiens croyaient que le vautour se reproduisait par le pouvoir de la parthénogenèse, sans avoir besoin de mâles.

À l'origine, Mout était peut-être la contrepartie féminine des eaux de l'abîme primitif, personnifiée par le dieu Noun, mais elle fut ensuite associée à Amon. Au fur et à mesure que le statut d'Amon grandissait au Nouvel Empire, et qu'il était regroupé avec le dieu Rê sous le nom d'Amon-Rê, le statut de Mout grandissait en conséquence.

Les adorateurs d'Amon-Rê commencèrent à le considérer comme la divinité principale, dont les autres dieux étaient en fait des aspects. Mout a également suivi cette tendance, et elle était considérée comme la personnification de la grande déesse unique ; en tant que telle, toutes les déesses, y compris Hathor, Sekhmet, Isis, Bastet, Nekhbet et Nout, étaient considérées comme des aspects d'elle.

Alors qu'Amon-Rê était représenté avec tous les types d'attributs animaux et humains pour indiquer sa stature de dieu universel, Mout était également représentée avec une multiplicité d'attributs ; parfois, elle était même représentée comme un homme avec un pénis et des griffes de lion.

Le centre du culte de Mout, comme celui d'Amon-Rê, se trouvait à Thèbes, où un grand temple dédié à la déesse fut construit sous le règne d'Amenhotep III (1390-53 av. J.-C.).

Une avenue de sphinx menait à ce temple, qui se trouvait juste au sud du sanctuaire d'Amon-Rê. Le temple de Mout était élaboré et contenait même un lac artificiel sacré en forme de fer à cheval. Son sanctuaire à Thèbes a été un centre religieux actif pendant 2 000 ans.

Questions de recherche

1. Ces dieux étaient-ils représentés différemment des humains, ou simplement avec de plus beaux vêtements et de plus belles caractéristiques ?
2. Que feriez-vous si un dieu égyptien vous invitait à jouer aux cartes ?
3. Quelle est votre déesse égyptienne préférée et comment pensez-vous qu'elle a contribué à la société ?

Neith

Également orthographié Net ou Nit.

Déesse de la création, de la sagesse et de la guerre, parfois considérée comme la mère du grand dieu du soleil, Rê, et associée à Thot, le dieu de l'apprentissage et de l'intelligence.

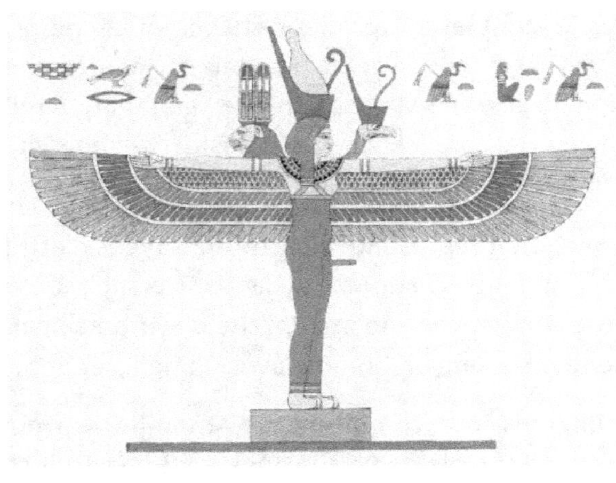

Les Grecs identifiaient Neith à leur déesse Athéna.

Neith est une déesse aux origines très anciennes. Dans certains textes, on dit que Neith s'est créée elle-même, qu'elle est la "grande dame" qui a donné naissance à Rê et qui s'est manifestée dans les temps primitifs. Neith était la divinité protectrice de la ville de Sais, dans le delta du Nil.

Neith est généralement représentée tenant deux flèches et un arc. Son couvre-chef était parfois la couronne de Basse-Égypte, le signe de son nom ou deux flèches croisées. Sous une autre forme, à l'époque dynastique, elle était représentée comme une femme avec un crocodile allaitant à chaque sein, indiquant peut-être qu'elle avait le pouvoir de donner la vie sur le Nil.

Les attributs de Neith suggèrent qu'à l'origine elle était un esprit des bois. À en juger par les textes anciens, son culte était devenu très général dans toute l'Égypte. Il est certain qu'elle était adorée dès les premières dynasties et, selon certains spécialistes, le fait que son nom fasse partie des noms royaux au tout début de la 1ère dynastie indique que son culte date de la première moitié de la période archaïque.

Neith est citée comme déesse de Saïs dans le recueil d'œuvres mortuaires intitulé Texte des Pyramides. Dans des textes ultérieurs, elle apparaît à Duat (le monde souterrain) comme déesse protectrice de Duamutef, l'un des quatre fils d'Horus représentés sur les vases canopes comme gardiens du contenu du vase, qui était les organes internes d'une momie.

Questions de recherche

1. Qui étaient deux des déesses les plus puissantes de la mythologie égyptienne, et qui pourraient être ou sont leurs homologues ?
2. Quelle est l'idée fausse la plus répandue sur la façon dont les divinités féminines étaient représentées dans la religion égyptienne ?
3. Pourquoi pensez-vous que les deux sexes (mâle et femelle) étaient vénérés par les anciens Égyptiens ?

Nekhbet

Également orthographié Nekhebet ou Nechbet.

La déesse couronnée de la Haute-Égypte et patronne de l'accouchement.

Nekhbet était généralement représentée soit comme une femme portant une coiffe de vautour et la couronne blanche de la Haute-Égypte, soit comme un vautour lui-même. Nekhbet et sa sœur, Wadjet (Uadjit, Utatchet ou Buto), la déesse couronnée de la Basse-Égypte, formaient l'entité connue sous le nom des Deux Dames d'Égypte.

La Haute-Égypte, la partie sud du pays, plus proche de la source du Nil, était symbolisée par le vautour. La Basse-Égypte, la partie nord du pays qui comprend la région du delta où le Nil se jette dans la mer Méditerranée, était symbolisée par l'uræus (cobra).

Lorsque la Haute et la Basse-Égypte ont été réunies, ces symboles ont formé une couronne composite portée par tous les souverains égyptiens par la suite, et les deux dames ont parfois personnifié cette union.

Le titre, Deux Dames, a été ajouté à la liste des noms royaux au cours de la 1ère dynastie. Les Deux Dames peuvent également avoir été associées aux déesses sœurs Isis et Nephtys, Nekhbet étant une forme de Nephtys et Wadjet une forme d'Isis.

Dans de nombreuses inscriptions, les deux dames sont représentées assises sur des paniers, à proximité du cartouche du roi. Elles étaient également représentées avec un disque ailé.

Questions de recherche

---

1. Quel a été votre rôle préféré d'un dieu féminin dans la mythologie égyptienne ?
2. Quelle déesse souhaiteriez-vous voir vous représenter si vous étiez égyptien ?
3. Quels sont les mythes les plus connus concernant les divinités féminines de l'Égypte ancienne ?

Nephthys

Nephtys n'est pas seulement une déesse de la mort, de la décomposition et des ténèbres, mais aussi une magicienne dotée de grands pouvoirs de guérison.

Elle était la fille de Rê et de Nout, la sœur-épouse du dieu maléfique Seth, et la sœur d'Isis et d'Osiris. Elle était également la mère d'Anubis, le dieu de l'embaumement à tête de chacal.

Nephtys était généralement représentée comme une femme portant une coiffe composée d'un disque et d'une paire de cornes, debout sous le hiéroglyphe de son nom.

Elle apparaît souvent dans l'art funéraire avec des bras ailés étendus, debout à côté de sa sœur, Isis. Dans les recueils de textes mortuaires intitulés le Livre des morts et les Textes des pyramides, Nephtys est représentée comme une déesse qui aide et protège les morts lors de leur passage dans le Duat, ou monde souterrain.

Nephtys était une déesse complexe. Elle était parfois associée à son mari-frère Seth, mais contrairement à lui, elle avait des aspects positifs et négatifs, notamment sa capacité à guérir les malades. Plus souvent, elle était associée à sa sœur plus connue, Isis.

Nephtys était considérée comme le côté sombre ou négatif d'Isis, comme Seth était le côté sombre de son frère Osiris. Comme Isis, Nephtys était censée avoir un grand pouvoir grâce à sa connaissance des mots sacrés et des formules magiques. Elle connaissait des charmes qui pouvaient ressusciter les morts et les préserver du mal.

Nephtys était appelée Maîtresse des Dieux, Dame de la Vie, Dame du Ciel, Maîtresse des Deux Terres, et Grande Déesse. Elle était aussi parfois associée au dieu de la fertilité Min. Selon toute vraisemblance, il s'agissait d'une ancienne déesse mère prédynastique qui, plus tard, a été associée à Isis, Osiris, Seth et Horus dans la généalogie du dieu du soleil Rê.

Selon le mythe, Nephtys n'a pas eu d'enfant de son mari-frère Seth. Elle le quitta et séduisit par ruse son autre frère, Osiris, pourtant marié à sa sœur Isis. Nephtys conçut ainsi son fils, le dieu à tête de chacal Anubis.

Plus tard, Seth assassina et démembra Osiris. Nephtys pleura le dieu perdu avec Isis, et leur amitié fut rétablie ; à cause de ce mythe, Nephtys et Isis furent connues sous le nom de sœurs éplorées. Nephtys a ensuite aidé Isis à trouver et à rassembler les parties éparpillées du corps d'Osiris. Ensemble, elles préparèrent le lit funéraire pour Osiris et confectionnèrent la toile funéraire.

Nephtys était associée au rituel de l'enterrement car elle et Isis jouaient le rôle de gardiennes de la tête et des pieds du cercueil. Dans les textes des pyramides, elle était représentée comme une amie du défunt et, dans le Livre des morts, elle se tenait derrière Osiris lorsque le cœur du mort était pesé dans la Grande Balance. Nephtys promettait de protéger à jamais les cœurs purs.

1. Si l'un d'entre nous voulait devenir une déesse égyptienne, de quels outils aurions-nous besoin et comment nous y prendrions-nous ?
2. Y a-t-il d'autres influences qui pourraient provenir de ce dieu féminin ?
3. Quel rôle les dieux égyptiens jouaient-ils dans la société de l'Égypte ancienne ?

Nut

La déesse du ciel et la compagne du dieu de la terre Geb, son frère jumeau.

Les Grecs identifiaient Nut à la Titane Rhéa, la mère de leurs dieux.

En tant que déesse du ciel, Nout avalait le soleil le soir et lui donnait à nouveau naissance le matin.

Nut était généralement représentée sous la forme d'une femme géante et nue dont le corps, parfois constellé d'étoiles, s'étendait dans le ciel, tandis que ses jambes allongées et ses bras tendus symbolisaient les quatre piliers du firmament. Le dieu de l'air Shu la soutenait au-dessus de Geb. Le scarabée, symbole du soleil du matin, était parfois représenté avec elle.

Elle pouvait aussi être représentée sous la forme d'une femme portant un vase d'eau sur la tête ou portant une coiffe de cornes et le disque solaire. Elle était souvent représentée tenant un ankh, le symbole de la vie, et une baguette de papyrus.

Comme Hathor, Nut était associée au lever et au coucher du soleil. Selon une croyance, le soir, le soleil entrait dans la bouche de Nout et traversait son corps pour naître de son ventre le lendemain matin. Dans un mythe, Nut était la compagne du dieu du soleil Rê, qui s'est mis en colère contre Nut et Geb parce qu'ils avaient des rapports sexuels entre eux. Il ordonna au dieu de l'air Shu de séparer les amants.

Le dieu de la sagesse, Thot, eut pitié de Nut et de Geb et créa cinq jours supplémentaires dans le calendrier, non soumis à la malédiction de Rê. Selon la plupart des mythes, pendant cette période, Nut a donné naissance à quatre enfants : Osiris, Seth, Isis et Nephtys. Les adorateurs de Nut cultivaient son arbre sacré, le sycomore, à Héliopolis, un ancien siège du culte du soleil.

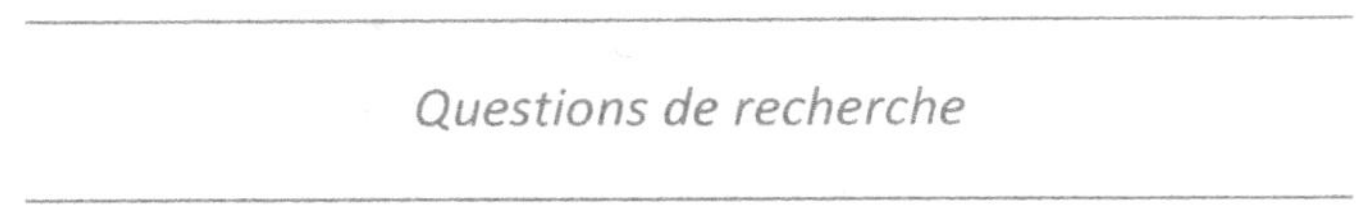

Questions de recherche

1. Pensez-vous qu'à un moment donné de l'histoire, davantage de divinités féminines auraient été vénérées si les femmes jouaient un rôle égal dans la société ?
2. Que pensez-vous de la théorie selon laquelle les divinités égyptiennes sont en fait basées sur des vaches du Moyen-Orient - et que leur succès inhabituel est en partie dû à l'adhésion à un ancien culte du bétail ?
3. Laquelle des déesses égyptiennes ferait la meilleure amie dans les années 2020 ?

Renpit

Une déesse qui personnifie le passage de l'année et, par conséquent, la mesure du temps.

Le rôle de Renpit était symbolisé par le palmier, qui produit régulièrement et de manière prévisible de nouvelles frondes. Renpit était généralement représenté comme une femme portant un palmier sur la tête ou dans la main, et était associé au dieu Thot et à la déesse Ma'at.

Questions de recherche

---

1. Les différentes cultures (égyptiennes, grecques, etc.) partageaient-elles des mythes sur les divinités féminines ou toutes les cultures étaient-elles également respectueuses du pouvoir féminin (ou de son absence) ?
2. Qu'est-ce qui vous plaît le plus chez cette déesse en particulier ?
3. Pourquoi les gens prieraient-ils ces déesses ?

Sekhmet

La déesse du feu (ou du soleil) à tête de lion, associée à la guerre, à la peste et aux flammes.

Sekhmet était l'épouse de Ptah, l'architecte cosmique, et la mère de Nefertem et de I-em-hetep (également orthographié Imhotep). Sekhmet, Ptah et Nefertem étaient vénérés comme une triade de dieux dans la ville de Memphis.

Sekhmet était généralement représentée soit comme une femme à tête de lionne, soit entièrement comme une lionne. Parfois, cependant, elle était représentée comme une divinité masculine. Pour symboliser son rôle de déesse du feu, ses statues étaient souvent sculptées dans des roches ignées comme le basalte ou le granit.

Le personnage de Sekhmet incorporait à la fois les aspects bénéfiques et destructeurs du feu, et par extension, elle était une déesse qui pouvait guérir les malades ou propager des maladies. En tant que déesse de la guerre, elle était capable d'inspirer la peur à ses ennemis. Dans son aspect bénéfique, elle a fusionné avec la déesse à tête de chat Bastet, qui personnifiait le pouvoir fertilisant du soleil et protégeait les hommes des maladies. La relation entre Sekhmet et Bastet pourrait être un parallèle à la relation entre les déesses sœurs Nephtys et Isis.

Sekhmet était également souvent associée à Hathor, la déesse de la fertilité à tête de vache. Selon un mythe, le dieu du soleil Rê ordonna à Hathor de détruire l'humanité pour sa désobéissance. Sekhmet l'accompagna et, dans sa chaleur destructrice féroce, devint connue sous le nom d'Œil de Rê.

Leur massacre commun fut si grave et si sanglant que Rê se repentit. Il ne parvint à empêcher Hathor et Sekhmet de tuer les humains restants qu'en les faisant boire de la bière teintée d'ocre rouge, qu'elles buvaient parce qu'elles croyaient que c'était du sang.

On a supposé que cette histoire reflétait un ancien rituel de sacrifice du sang, mais aucune preuve physique de ce type de pratique dans l'Égypte prédynastique n'a jamais été découverte. Sekhmet partageait de nombreux points communs avec la déesse hindoue Kali et l'ancienne déesse du Moyen-Orient Astarte.

Questions de recherche

1. Que signifie "Sekhmet" dans l'Égypte ancienne ? Selon quelques spécialistes de l'Antiquité, cela se traduit par "celle qui prévaut". Mais qu'est-ce que cela signifie réellement ?
2. Dans la mythologie de quelle culture les divinités féminines ne sont pas courantes ?
3. Selon vous, pourquoi y avait-il tant de déesses dans l'Égypte ancienne, malgré le fait qu'elles aient été discriminées pendant si longtemps ?

Selket

Également orthographié Selkit, Serqet, Selqet, Selquet, et Selkis.

Déesse à tête de scorpion, protectrice du jeune dieu Horus et compagne dévouée de sa mère, la déesse Isis.

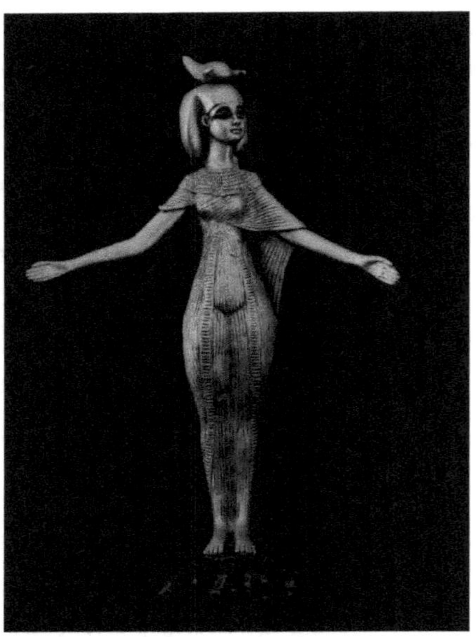

Selket était également associée à la protection des morts et de leurs entrailles. Selket était généralement représentée comme une femme avec une tête de scorpion ou une tête humaine surmontée d'un scorpion et parfois comme un scorpion avec une tête de femme. Ses bras sont ailés et souvent tendus dans un geste de protection. Selket était souvent représentée sur les murs des tombes.

Le scorpion est connu pour le soin zélé qu'il apporte à ses petits, ce qui peut expliquer l'association du jeune Horus avec cette déesse. Le scorpion étant sacré pour Isis, les Égyptiens pensaient que les adorateurs d'Isis ne seraient jamais piqués par un scorpion.

Questions de recherche

1. Quelles autres discussions similaires peuvent être influencées par ce nouvel accent mis sur les dieux féminins à travers les cultures et les religions de diverses formes de religion et régions culturelles du monde ?
2. Où peut-on trouver plus d'informations sur les divinités féminines dans l'Égypte ancienne ?
3. Pourquoi pensez-vous qu'il est important d'étudier ces divinités féminines ?

Tefnut

Également orthographié Tefenet.

La déesse de l'humidité et des précipitations

Tefnout était la sœur jumelle et le pendant féminin du dieu de l'air Shou. Tefnout était une divinité prédynastique précoce et était adorée dans le cadre d'un système de dieux dans l'ancienne ville égyptienne d'Héliopolis.

Tefnout était généralement représentée comme une femme à tête de lionne. Sur sa tête, elle portait le disque solaire, le cobra (uraeus), ou une combinaison des deux. Bien qu'elle ait été associée à Shou et que les deux aient été les parents de la déesse du ciel Nut et du dieu de la terre Geb, Tefnout a été représentée dans l'art égyptien beaucoup moins fréquemment que son jumeau Shou.

Selon la généalogie des divinités égyptiennes, Rê, sous son aspect Atoum, créa lui-même les jumeaux Shou et Tefnout à partir de son sperme ou de sa salive ; dans d'autres récits, il les créa avec Hathor, la déesse de la fertilité à tête de vache. En tant que mère de Nut et de Geb, Tefnout était la grand-mère de quatre divinités importantes de la mythologie égyptienne : Osiris, Isis, Seth et Nephtys.

Le rôle de Tefnout dans la mythologie égyptienne semblait quelque peu contradictoire et représentait peut-être la transformation des larmes de chagrin en colère de vengeance. Son nom signifiait "celle qui crache". Dans son aspect bénéfique, elle était la déesse de l'humidité, qui aidait son frère-époux à subvenir aux besoins de leur fille Nout, la personnification du ciel.

Pourtant, Tefnout était parfois considérée comme incarnant le pouvoir du soleil lui-même et était donc représentée comme une lionne féroce. Son aspect le plus féroce était décrit dans un mythe dans lequel la divinité solaire toute-puissante Rê, son père, décidait d'anéantir l'humanité pour sa désobéissance, et elle parcourait le désert en furie, couverte du sang de ses ennemis humains. Dans cette histoire, Tefnut était le double de la déesse du feu à tête de lion, Sekhmet.

Questions de recherche

4. Les événements de l'Égypte ancienne sont-ils utiles à la société d'aujourd'hui ? Que changeriez-vous dans la façon dont les femmes sont traitées aujourd'hui ?
5. Qu'en est-il de Tefnout et des autres dieux égyptiens féminins dans vos réflexions et opinions sur le statut des femmes dans la société ?
6. Les vies de ces anciennes divinités racontent-elles des histoires de leur temps que nous devrions également observer aujourd'hui ?

Dieux aux formes masculines et féminines

Anubis

Également appelé Anpu ou Anup.

Le dieu de l'embaumement à tête de chacal qui guidait les âmes des morts dans le royaume souterrain de son père, Osiris.

Bien que le nom du dieu soit traduit dans les textes par Anubis, il s'agit en fait de la forme grecque du nom égyptien Anpu. Grecs et Romains ont poursuivi le culte du dieu à l'époque classique. Un votif lui est consacré à Rome, et les écrivains latins Plutarque et Apulée le mentionnent dans leurs œuvres.

Considéré comme bienveillant et bon, Anubis était présent dans le monde souterrain (Duat) lors de la pesée de l'âme du défunt et était également chez lui dans les royaumes célestes de Rê.

La mère d'Anubis était la déesse Nephtys. Nephtys, Isis, Seth et Osiris étaient tous les enfants de la déesse du ciel Nut et du dieu de la terre Geb. Nephthys était mariée à son frère Seth, et Isis était mariée à son frère Osiris. Parfois, Anubis est considéré comme le fils de Seth, mais dans le mythe le plus répandu, Nephtys a quitté Seth et a séduit le mari de sa sœur, Osiris. Elle a conçu Anubis, mais lorsque celui-ci est né, elle l'a abandonné dans le désert. Isis retrouva Anubis avec l'aide de quelques chiens et l'éleva.

Quand Anubis grandit, il garda fidèlement sa mère adoptive, et il accompagna Isis et Osiris dans tous leurs déplacements à travers le monde. Lorsque Seth a assassiné et démembré son frère Osiris, les sœurs Isis et Nephtys, maintenant réconciliées, ont cherché son corps, et Anubis les a aidées et réconfortées. Lorsqu'elles ont retrouvé tous les morceaux du corps d'Osiris, c'est Anubis qui a inventé l'art de l'embaumement et de la momification pour que son père puisse revivre et régner dans le monde des morts.

Anubis est souvent représenté comme un homme avec une tête de chacal ou de chien, mais il est parfois représenté avec un corps de chacal ou de chien. Il est parfois représenté avec un côté du visage blanc ou doré et l'autre noir pour symboliser sa position dans les royaumes célestes et souterrains.

En tant que dieu de l'embaumement, l'esprit directeur d'Anubis était présent pendant la momification du cadavre afin qu'il soit un réceptacle approprié pour l'esprit réincarné. Une autre fonction d'Anubis était exercée lors de la pesée du cœur du défunt ; c'était le rôle d'Anubis d'observer attentivement la procédure pour s'assurer qu'elle était correctement effectuée.

Si, selon la Grande Balance, la personne n'était pas pure, honnête et exempte de péché, Anubis prenait le cœur de la balance et le jetait à la bête Ammit, qui le dévorait, détruisant la personne à jamais. Si, au contraire, la balance montrait que le défunt était exempt de péché, son âme pouvait accéder à la vie éternelle.

Un certain nombre de raisons ont été avancées pour expliquer pourquoi un chacal ou un chien en est venu à jouer un rôle important dans la mort et l'embaumement. Le chacal est un animal nocturne, qui se nourrit de charognes, et qui a peut-être été déifié très tôt pour le prier de ne pas dévorer les corps des morts.

En tant que guide des enfers, le chien avait un excellent instinct de recherche et pouvait guider fidèlement l'âme à travers ses périls. Dans l'Égypte ancienne, les chiens semi-domestiqués étaient connus pour rôder la nuit dans les cimetières et ont pu être utilisés à dessein comme gardiens des tombes.

Anubis était assisté dans ses tâches au nom de l'âme morte par un autre dieu à tête de chien ou de chacal, Wepwawet (également orthographié Upuat ou Upuaut, ce qui signifie "ouvreur de voies"), qui était également représenté comme un assistant et un guide pour les morts. Wepwawet était probablement un dieu funéraire primitif dont la fonction était similaire à celle d'Anubis ; parfois, Wepwawet est considéré comme une autre forme d'Anubis.

Le culte d'Anubis était très ancien, probablement même plus ancien que celui d'Osiris. Anubis était la divinité locale d'Abydos et était également vénéré à Lycopolis, Abt et dans d'autres villes.

1. Comment Anubis était-il impliqué dans le monde souterrain ?
2. Les vies de ces anciennes divinités racontent-elles des histoires de leur temps que nous devrions également observer aujourd'hui ?
3. Quel est votre mythe préféré sur les dieux égyptiens ?

Nun

Également orthographié Nu.

Le chaos aqueux primordial à partir duquel l'univers a été créé.

Nun a donné naissance à Atum (Re-Atum), qui a engendré tous les dieux et déesses.

Nun était personnifié sous la forme d'un homme tenant un sceptre, d'un homme à la tête de grenouille surmontée d'un scarabée, ou d'un homme à la tête de serpent.

À l'origine, la déesse Nut était son homologue féminin. Dans les premiers temps, les Égyptiens croyaient que Nun était la masse d'eau illimitée à partir de laquelle tout ce qui existait avait été créé ; plus tard, l'océan et le Nil étaient parfois aussi identifiés à Nout.

Les hiéroglyphes représentant Nun consistaient en trois vases d'eau, qui représentaient le signe du ciel étendu, le déterminatif de l'eau et le signe du dieu. Ensemble, ils indiquaient que Nun était le dieu d'une masse aqueuse du ciel.

1. Quel est le dieu égyptien avec lequel vous voudriez être ami si vous en aviez l'occasion ?
2. L'un des dieux égyptiens est-il déjà apparu dans un de vos rêves ?
3. Avez-vous déjà vu un film sur les dieux égyptiens ?

Déités mineures (masculines)

Apopis

Également orthographié Apep, Apop, Apophis, ou Aapef.

Un serpent géant, le principal démon de la nuit, et l'ennemi principal du dieu du soleil, Re.

Apophis est le nom grec de l'égyptien Apopis.

Le nom d'Apopis signifie "le Rôdeur". Apopis était une forme du dieu maléfique des ténèbres, Seth, frère d'Osiris, dieu du monde souterrain (Duat). Chaque nuit, Rê, aidé d'Osiris, du fils d'Osiris, Horus, et d'autres dieux et déesses, devait combattre le serpent et le détruire. Ce n'est qu'après cette bataille entre les forces du bien et du mal, de la lumière et des ténèbres, que le soleil pouvait à nouveau se lever.

Apopis était peut-être un dieu des tempêtes à l'époque prédynastique. À l'époque de l'Ancien Empire, il était devenu le seigneur des puissances des ténèbres et l'ennemi des morts qui souhaitaient jouir de la vie éternelle, car on croyait que les morts ne pouvaient revenir à la vie que si Apopis était vaincu.

À l'origine, selon le mythe, Apopis est né des ténèbres qui enveloppaient le chaos primitif de Noun. Le dieu Thot conçut un puissant sortilège pour empêcher Apopis d'entraver le lever du soleil, et Rê put tuer Apopis au pied du sycomore d'Héliopolis qui était sacré pour la déesse Nout. Apopis devint la personnification de l'heure la plus sombre avant l'aube.

Selon les Égyptiens, à la fin de chaque journée, le dieu du soleil Rê devait traverser le royaume des enfers, appelé le Duat. Il le faisait dans un bateau, et l'un des royaumes du Duat qu'il devait traverser était le domaine de son ancien ennemi Apopis. Apopis et une armée de démons faisaient tout ce qui était en leur pouvoir pour entraver le passage du bateau de Rê.

Ainsi, les Égyptiens croyaient que le soleil ne se levait pas simplement dans le ciel ; il ne pouvait le faire qu'après une lutte acharnée contre les forces des ténèbres, au cours de laquelle ces forces étaient vaincues de manière décisive. Rê et ses compagnons parvenaient à tuer le serpent pour que le soleil puisse se lever ; néanmoins, la nuit suivante, Apopis était de nouveau vivant et tout aussi menaçant que la nuit précédente.

Au cours de la bataille, Rê et les autres dieux devaient détruire complètement Apopis et une foule de monstres de moindre importance, y compris les deux aides d'Apopis, Sebau et Nak. Ils devaient le transpercer, l'entailler avec des couteaux, briser tous ses os, le découper en morceaux et réduire chacun de ces morceaux en cendres avant qu'il ne soit vraiment vaincu.

La lutte contre Apopis est fréquemment mentionnée dans le recueil de textes mortuaires intitulé le Livre des morts. Un autre texte rituel, le Livre du renversement d'Apopis, contient de nombreuses malédictions et des menaces détaillées contre le monstre. Ces malédictions étaient récitées à haute voix à des moments précis de la journée par les prêtres du temple d'Amon-Rê à Thèbes, dans l'idée que leur prononciation aidait Rê dans sa bataille. Les prêtres faisaient fabriquer une figure d'Apopis en cire, sur laquelle était inscrit son nom à l'encre verte.

Ils avaient aussi des figures des aides d'Apopis enveloppées dans du papyrus. Chaque jour, pendant leurs récitations, les prêtres transperçaient, tailladaient, découpaient et brûlaient les figures d'Apopis et des autres monstres lors d'une cérémonie destinée à favoriser la victoire de Rê.

---

1. Croyez-vous au pouvoir des dieux égyptiens ?
2. Avec tant de dieux égyptiens à vénérer, lequel est votre préféré et pourquoi ?
3. Y a-t-il une histoire sur un dieu ou une déesse égyptienne que vous pensez pouvoir explorer en classe ?

Apis

Le plus célèbre des taureaux sacrés d'Égypte, considéré comme l'incarnation du dieu Ptah et vénéré comme un dieu au temple de Ptah dans l'ancienne ville de Memphis.

Le culte d'un taureau vivant particulier, choisi comme dieu incarné, remonte à la 1ère dynastie, mais il est devenu particulièrement populaire sous le règne des pharaons ramessides (vers 1292-1075 av. J.-C.), et l'animal était consulté comme un oracle.

Après sa mort, le taureau Apis était associé au dieu des morts, Osiris, et à un stade tardif de la religion égyptienne, pendant la période ptolémaïque, le taureau Apis a été fusionné avec le dieu Osiris et vénéré sous le nom d'Ausar-Apis (Osorapis) ou de Serapis.

Le dieu Ptah était le créateur de toute forme, l'architecte divin, et c'est la virilité et les prouesses sexuelles du dieu qui étaient censées être spécifiquement incarnées par le taureau. Le taureau Apis vivait dans la plus grande splendeur dans un temple-palais construit spécialement pour lui, juste au sud du temple de Ptah à Memphis. Il disposait de lits en lin fin pour s'allonger et on ne lui servait que de la nourriture et des boissons spéciales.

Ptah avait le choix entre les meilleures vaches pour s'accoupler. La mère du taureau sacré recevait également ses propres appartements dans le palais du taureau. Habituellement, seuls les prêtres assistaient au taureau sacré, mais il arrivait qu'on le sorte pour des apparitions publiques et des processions, et son anniversaire était célébré par un congé de sept jours.

Les pharaons d'Égypte faisaient don de sommes importantes pour l'entretien du taureau Apis. En outre, le comportement du taureau était considéré comme prophétique, et de nombreuses personnes venaient le consulter comme un oracle, notant ses actions en leur présence comme favorables ou défavorables.

Les gens pouvaient également dormir dans certaines pièces du palais du taureau et voir leurs rêves interprétés par la suite. Des sacrifices étaient faits au taureau sous la forme de bœufs décapités et sur lesquels on priait.

Alexandre le Grand et l'empereur romain Titus sont parmi ceux qui ont présenté des offrandes au taureau sacré.

Les récits diffèrent quant au sort du taureau Apis. Soit le taureau était sacrifié lorsqu'il atteignait l'âge de 25 ans, soit on le laissait vivre sa vie naturelle. Mais après sa mort, le taureau était toujours embaumé et momifié avec la même solennité que s'il s'agissait d'un pharaon, et il était soigneusement enterré lors d'un grand rituel funéraire au Serapeum (un ancien temple) dans la ville de Saqqarah.

Le Serapeum est devenu un lieu de pèlerinage non seulement pour les Égyptiens mais aussi, à l'époque classique, pour les Grecs et les Romains.

Il consistait en un labyrinthe de catacombes creusées dans la roche calcaire souterraine, avec des chapelles érigées pour les fidèles. En 1851, des archéologues ont mis au jour 64 taureaux momifiés dans ce lieu de sépulture, chacun dans son énorme sarcophage de granit.

Après l'enterrement du taureau Apis, une période de deuil commençait, pendant laquelle une grande recherche était menée dans toute l'Égypte pour trouver son successeur. Ce dieu taureau incarné serait reconnaissable, pensaient-ils, par 29 marques physiques distinctives et une coloration noire profonde avec des taches blanches, y compris une marque spécifique sur son front (diversement décrite comme un carré, un triangle ou un croissant).

Lorsqu'un tel veau était trouvé, il était nourri par des prêtres pendant 40 jours, puis placé dans une cabine en or sur une barge spéciale pour le transporter sur le Nil jusqu'à son palais de Memphis. Dans la ville d'Héliopolis, un autre taureau sacré faisait l'objet d'un culte similaire.

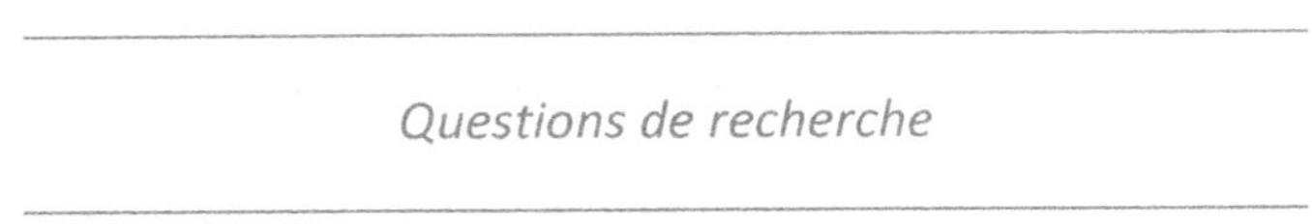

Questions de recherche

1. Si l'un des dieux descendait sur Terre, qui voudrais-tu que ce soit et pourquoi ?
2. Quelle divinité égyptienne auriez-vous pu vénérer ?
3. Pensez-vous que les Égyptiens avaient trop de dieux différents ?

Bes

Un dieu nain bienveillant associé à la naissance des enfants, à la musique et à la danse, à la jovialité, à la joie et au plaisir.

Bès était représenté avec des jambes arquées et un gros ventre, et il portait parfois un diadème de plumes et un costume en peau de panthère. Alors que la plupart des dieux et déesses égyptiens étaient représentés de profil, Bès est généralement représenté de face, le visage grimaçant, la langue sortie. Sa figure était souvent sculptée sur les manches de miroirs et de récipients à cosmétiques.

Bès était connu dès l'époque de l'Ancien Empire. Au Nouvel Empire, les reliefs de Dier-al-Bahri montrent le dieu assistant à la naissance de la reine Hatchepsout. Il est représenté dans les maisons de naissance des temples et est montré en train d'amuser et de tenir compagnie aux pharaons lorsqu'ils étaient enfants.

Bès fut associé au dieu enfant Horus. En tant que gardien des enfants royaux, il devint l'ennemi des serpents, et est représenté en train de les tuer en les étranglant et en les mordant à mort.

Lorsqu'il était dans le monde souterrain (Duat), Bès est devenu plus sinistre et plus belliqueux, mais sa mission était toujours de faire la guerre aux forces des ténèbres et de se battre pour ceux qui étaient sous sa protection. Dans la culture de la fin de la dynastie, la figure souvent ithyphallique de Bès était transformée en amulettes comme une forme de magie protectrice. À l'époque classique, son oracle était consulté à Abydos.

1. Quelle est la bonne ou la mauvaise qualité d'un dieu/déesse égyptien pour les humains ?
2. Si vous étiez la réincarnation d'un dieu égyptien, lequel serait-il ?
3. Avez-vous déjà visité l'Égypte, un temple ou un musée égyptien ?

Min

Également appelé Amsu.

Un dieu de la fertilité, de la génération, de la pluie, des bonnes récoltes et de la virilité.

Les Grecs identifiaient Min à leur dieu Pan.

Min peut également avoir été adoré comme un dieu des voyageurs et des routes. Il était associé à Horus sous le nom de Min-Horus et, plus tard, il a été identifié à Amon-Re. Le centre de son culte se trouvait à Coptos et Panopolis en Basse-Égypte, mais son culte était très répandu.

Min était également un dieu des chasseurs et des nomades dans toute la région du désert oriental. Les chefs de caravane le priaient avant de se lancer dans le désert. Des statues de Min décorées de coquillages et d'espadons ont été trouvées ; elles suggèrent qu'il s'agissait à l'origine d'un dieu maritime apporté en Égypte par des personnes qui voyageaient dans le désert oriental.

Min était généralement représenté comme un homme avec un phallus en érection, tenant un fouet dans sa main droite. Il portait une coiffe composée de deux plumes avec une banderole dans le dos. Ses fêtes avaient souvent lieu au début de la saison des récoltes.

La première gerbe de la récolte lui a été offerte en guise de remerciement rituel par le roi lui-même.

Questions de recherche

---

1. Pourquoi pensez-vous que tant de pharaons ont été enterrés à côté de chats, de chiens et de singes pour l'éternité ?
2. Pouvez-vous citer d'autres pyramides que celles de Gizeh qui se trouvent sur un plateau désertique ?
3. Comment pensez-vous que nous nous comparerions à l'Égypte ancienne si elle existait encore aujourd'hui ?

Serapis

Aussi appelé Sarapis, Ausar-Apis, ou Osorapis.

Divinité composite réunissant les attributs d'Osiris, dieu du Duat (monde souterrain), et du taureau Apis, adorée dans la ville de Memphis.

Sérapis était souvent représenté comme un homme à tête de taureau, portant le disque solaire et le cobra (uraeus) entre ses cornes, et tenant des symboles d'Osiris dans ses mains. Parfois, il était représenté comme un homme portant une barbe et des cheveux bouclés, avec un panier sur la tête.

Le taureau Apis était considéré, de son vivant, comme l'incarnation du dieu Ptah, l'architecte divin, et était adoré comme un oracle. Après sa mort, cependant, le taureau était considéré comme encore plus puissant, les attributs de Ptah ayant fusionné avec l'incarnation d'Osiris.

Le taureau Sérapis était enterré selon un rituel solennel au Sarapeum (un ancien temple) près de Saqqarah. Les pèlerins se rendaient au Sarapeum et priaient pour les faveurs du dieu dans des chapelles contenant des statues et des stèles (dalles ou piliers de pierre inscrits) dédiées à Sérapis. Ce dernier avait une réputation particulière pour les guérisons miraculeuses. Soixante-quatre taureaux momifiés ont été mis au jour sur le site de Saqqarah en 1851.

Sérapis est un développement tardif de la théologie égyptienne. Sérapis est devenu le dieu d'État à l'époque des Ptolémées, et certains chercheurs pensent que le culte lui-même a été délibérément fondé sous le règne de Ptolémée Ier Soter (323-285 av. J.-C.) afin de fournir un cadre religieux commun aux Égyptiens et aux Grecs qui s'étaient installés en Égypte. En fait, Sérapis était le nom grec du dieu, dont le nom en égyptien était un composé d'Osiris et d'Apis.

Le culte de Sérapis était très populaire à Alexandrie, la capitale des Ptolémées, où le temple-tour dédié à Sérapis avait une fondation de 100 marches et était décrit par les auteurs anciens comme l'une des plus grandes structures de l'Antiquité.

Serapis était également une divinité populaire en Grèce. À Rome, où Isis et Horus étaient des divinités égyptiennes transplantées populaires, Serapis a été considéré comme le pendant masculin d'Isis.

Bien que le culte de Sérapis ait été répandu dans toutes les classes sociales de l'Empire romain, jusqu'à York au nord de la Grande-Bretagne, il n'a jamais été au centre de la religion égyptienne en dehors de la région du delta du Nil.

---

1. Quels sont les points communs entre les dieux égyptiens et leurs homologues grecs ou romains ?
2. Si vous pouviez changer ce que les Égyptiens croient à propos d'un certain dieu, lequel serait-il et pourquoi ?
3. Quelles divinités mineures avez-vous aimé découvrir ?

Divinités mineures (féminines)

Ammit

Une bête associée au temps du jugement

Représentée dans les textes funéraires tels que le Livre des morts, Ammit est une créature féminine composite avec la tête d'un crocodile, les pattes avant d'un lion et l'arrière-train d'un hippopotame. Les âmes dont le cœur ne s'équilibrait pas dans la balance de la vérité étaient dévorées par cette bête, et ainsi cette personne était reléguée dans l'oubli.

Dans la salle du jugement, Ammit, le "mangeur de morts" ou "le dévoreur", attendait impatiemment aux pieds du dieu scribe Thot, tandis que le cœur du défunt était pesé dans un plateau de la Grande Balance. L'autre plateau contenait une plume d'autruche, la plume de Maat (vérité). Si les actes du défunt étaient purs, respectueux et honnêtes, le cœur et la plume s'équilibraient.

Dans ce cas, Thot notait que la personne devait être épargnée et devenir l'un des morts bénis. Les morts étaient alors introduits dans la présence du dieu des enfers, Osiris, qui avait lui-même ressuscité des morts et qui, comme lui, vivrait éternellement.

Si, toutefois, la balance s'inversait et que le cœur était plus lourd que la plume, la personne était jugée indigne de la vie éternelle. Dans ce cas, Anubis, le dieu funéraire à tête de chacal, jetait le cœur à Ammit. Elle le dévorait avidement, et la personne périssait à jamais.

1. Que faire si vous voulez goûter à l'histoire et à la culture égyptiennes ?
2. Quelle est votre ville préférée en Égypte ?
3. Quels sont les dieux/déesses égyptiens les plus amusants à connaître ?

Seshat

Également appelé Sesat, Sefekht ou Seshet.

La déesse de l'histoire, de la littérature, des mesures et des enregistrements

Seshat était le pendant féminin de Thot, dieu patron de la sagesse. Seshat était généralement représentée sous la forme d'une femme vêtue d'une peau de panthère, avec une fleur à sept pétales sur la tête, portant une palette et un stylo en roseau, objets qui symbolisaient sa fonction d'archiviste des événements historiques.

Questions de recherche

1. L'un de ces dieux pourrait-il avoir une identité secrète que personne ne connaît à part eux et leurs prêtres ritualistes ?
2. Quand le règne des dieux égyptiens a-t-il commencé et pris fin ?
3. Combien de temples ont été dédiés à ces dieux au cours de l'histoire de l'Égypte ?

Taurt

Aussi appelé Taweret, Thoueris, Opet, ou Apet.

La déesse hippopotame associée à l'accouchement et à la maternité.

En tant que déesse de la création, elle était vénérée dans la ville de Karnak. Taurt, en tant qu'Apet, était la personnification de l'ancienne colonie d'Apt, dont le nom de Thèbes est dérivé.

Taurt était généralement représentée sous la forme d'un hippopotame femelle se tenant debout, avec de gros seins humains pendants, son pied gauche reposant sur un sa, symbole de protection pour les voyageurs sur le fleuve. Elle était considérée comme une forme de la déesse de la fertilité Hathor.

Questions de recherche

---

1. Quelle est la chose que vous aimeriez savoir de plus sur un dieu égyptien ?
2. Qui est Taurt, et pourquoi est-il important de l'inclure dans les textes anciens ?
3. Lesquels de ces dieux et déesses classiques as-tu appris à l'école ?

Autre

Akhenaton

Au XIVe siècle avant J.-C., le pharaon égyptien Amenhotep IV a entrepris une réforme religieuse en tentant de remplacer toutes les divinités traditionnelles par le dieu du soleil Aton (également orthographié Aton). En l'honneur de ce dieu, le pharaon changea son nom en Akhenaton (également orthographié Ikhnaton), ce qui signifie "bénéfique à Aton". Akhenaton a régné de 1353 à 1336 avant Jésus-Christ.

Sa reine était Néfertiti, l'une des femmes les plus célèbres de l'histoire égyptienne. Quelques années après sa mort, l'enfant-roi Toutankhamon, dont la découverte de la tombe en 1922 a fait sensation sur le plan archéologique, est devenu le souverain.

La réforme d'Akhenaton est considérée par certains comme l'une des premières tentatives d'imposer le monothéisme, la croyance en un dieu unique, bien que la religion des Atons puisse être décrite comme le culte d'un dieu de préférence à tous les autres. À un moment donné, Akhenaton a lancé un programme visant à effacer le nom et l'image du dieu thébain, Amon, de tous les monuments. Pour mieux imposer ses vues, Akhenaton déplaça la capitale du pays de Thèbes à un site situé à 300 kilomètres au nord, qu'il appela Akhetaton (aujourd'hui Tell el-Amarna).

Son intention première était de construire une cité dédiée au culte de l'Aton, distincte des cultes déjà établis. Cependant, le monothéisme n'était pas complet, car les maisons privées ont livré de nombreuses figurines de divinités domestiques, et des stèles dédiées à des divinités traditionnelles, comme Isis et Tausret, ont été trouvées dans certaines chapelles privées.

Les réformes d'Akhenaton, et le renouveau artistique et littéraire qui les accompagne, ne survivent pas longtemps. Il consacre tellement de temps à la religion que le puissant empire égyptien commence à se désintégrer.

Ceci, combiné à l'opposition des prêtres des dieux déplacés, a contribué à saper la nouvelle religion. Après la mort d'Akhenaton, la capitale fut ramenée à Thèbes et les anciens dieux, qui n'avaient jamais été totalement rejetés par la population, furent restaurés.

Questions de recherche

---

1. Est-ce que ça a marché pour les adorateurs d'Akhenaton à la fin ?
2. Y a-t-il une situation comparable dans les religions modernes que vous connaissez ?
3. Comment ces changements ont-ils affecté le peuple égyptien dans sa façon de vénérer et d'accomplir des rituels pour ses dieux ?

Votre cadeau

Vous avez un livre dans les mains.

Ce n'est pas n'importe quel livre, c'est un livre de Student Press Books ! Nous écrivons sur les héros noirs, les femmes qui prennent le pouvoir, la mythologie, la philosophie, l'histoire et d'autres sujets intéressants !

Puisque vous avez acheté un livre, nous voulons que vous en ayez un autre gratuitement.

Tout ce dont vous avez besoin, c'est d'une adresse électronique et de la possibilité de vous abonner à notre newsletter (ce qui signifie que vous pouvez vous désabonner à tout moment).

Alors, qu'attendez-vous ? Inscrivez-vous dès aujourd'hui et recevez votre livre gratuit instantanément ! Tout ce que vous avez à faire est de visiter le lien ci-dessous et d'entrer votre adresse e-mail. Vous recevrez immédiatement le lien pour télécharger la version PDF du livre afin de pouvoir le lire hors ligne à tout moment.

Et ne vous inquiétez pas, il n'y a pas d'attrape ou de frais cachés, juste un bon vieux cadeau de notre part ici à Student Press Books.

Visitez ce lien dès maintenant et inscrivez-vous pour recevoir votre exemplaire gratuit de l'un de nos livres !

Lien : https://campsite.bio/studentpressbooks

Livres

Nos livres sont disponibles chez tous les principaux détaillants de livres en ligne. Découvrez les packs numériques (bundle) de nos livres ici : https://payhip.com/studentPressBooksFR

La série de livres sur l'Histoire des Noirs.

Bienvenue dans la série de livres sur l'Histoire des Noirs. Découvrez des personnalités Noires exemplaires grâce à ces biographies inspirantes de pionniers d'Amérique, d'Afrique et d'Europe. Nous savons tous que l'Histoire des Noirs est importante, mais il peut être difficile de trouver de bonnes ressources.

Beaucoup d'entre nous connaissent personnages principaux de la culture populaire et des livres d'Histoire, mais nos livres présentent également des héros et héroïnes Noirs moins connus du monde entier, mais dont les histoires méritent d'être racontées. Ces livres de biographies vous aideront à mieux comprendre comment les souffrances et les actions de ces personnes ont façonné leurs pays respectifs et leurs communautés, pour les générations à venir.

Titres disponibles :

1. 21 personnalités noires inspirantes : La vie de personnages historiques du XXe siècle : Martin Luther King Jr., Malcom X, Bob Marley et autres
2. 21 femmes noires exceptionnelles : L'histoire de femmes noires importantes du XXe siècle : Daisy Bates, Maya Angelou et bien d'autres

La série de livres Émancipation des femmes.

Bienvenue dans la série de livres Émancipation des femmes. Découvrez des figures féminines courageuses des temps modernes grâce à ces biographies inspirantes de pionnières du monde entier. L'émancipation des femmes est un sujet important qui mérite plus d'attention qu'il n'en reçoit. Pendant des siècles, on a dit aux femmes que leur place était à la maison, mais cela n'a jamais été vrai pour toutes les femmes, ni même pour la plupart d'entre elles.

Les femmes sont encore sous-représentées dans les livres d'histoire, et celles qui s'y font une place doivent généralement se contenter de quelques pages. Pourtant, l'Histoire regorge de récits de femmes fortes, intelligentes et indépendantes qui ont surmonté des obstacles et changé le cours des choses simplement parce qu'elles voulaient vivre leur propre vie.

Ces livres biographiques vous inspireront tout en vous donnant de précieuses leçons sur la persévérance et le dépassement face à l'adversité ! Apprenez de ces exemples que tout est possible si vous y mettez du vôtre !

Titres disponibles :

1. 21 Femmes d'exception : La vie de combattantes pour la liberté qui ont repoussé les frontières : Angela Davis, Marie Curie, Jane Goodall et bien d'autres
2. 21 femmes inspirantes : la vie de femmes courageuses et influentes du XXe siècle : Kamala Harris, Mère Teresa et bien d'autres
3. 21 femmes extraordinaires : Les vies exemplaires des femmes artistes et créatrices du XXe siècle : Madonna, Yayoi Kusama et bien d'autres
4. 21 femmes de génie : Les vies déterminantes de femmes scientifiques pionnières au XXe siècle

La série de livres Les dirigeants du monde.

Bienvenue dans la série de livres sur les dirigeants du monde. Découvrez des personnages royaux et présidentiels, emblématiques du Royaume-Uni, des États-Unis et d'autres pays. Grâce à ces biographies inspirantes de membres de la famille royale, de présidents et de chefs d'État, vous apprendrez à connaître les personnes courageuses qui ont osé prendre le pouvoir, avec notamment leurs citations, leurs photos et des faits rares.

Les gens sont fascinés par l'histoire et la politique et par ceux qui les ont écrites. Ces livres offrent des perspectives nouvelles sur la vie de personnalités remarquables. Cette série est parfaite pour tous ceux qui veulent en savoir plus sur les grands dirigeants de notre monde ; les jeunes lecteurs ambitieux et les adultes qui aiment se documenter sur des personnages importants.

Titres disponibles :

1. Les 11 familles royales britanniques : La biographie de la famille de la Maison Windsor : La Reine Elizabeth II et le Prince Philip, Harry et Meghan et bien d'autres
2. Les 46 présidents des États-Unis : Leur histoire, leur réussite et leur héritage : de George Washington à Joe Biden
3. Les 46 présidents des États-Unis : Leur histoire, leur réussite et leur héritage — Édition augmentée : de George Washington à Joe Biden

La série de livres Une mythologie passionnante.

Bienvenue dans la série de livres Une mythologie passionnante. Découvrez les dieux et déesses d'Égypte et de Grèce, les divinités nordiques et d'autres créatures mythologiques.

Qui sont ces anciens dieux et déesses ? Que savons-nous d'eux ? Qui étaient-ils vraiment ? Pourquoi les gens les vénéraient-ils dans les temps anciens, et d'où venaient-ils ?

Ces livres offrent des perspectives nouvelles sur les dieux anciens, qui inviteront les lecteurs à réfléchir à leur place dans la société et à s'intéresser plus encore à l'Histoire. Ces livres sur la mythologie abordent également des sujets qui l'ont influencée, tels que la religion, la littérature et l'art, dans un format attrayant avec des photos ou des illustrations accrocheuses.

Titres disponibles :

1. L'Égypte ancienne : Un guide des mystérieux dieux et déesses de l'Égypte ancienne : Amon-Râ, Osiris, Anubis, Horus et bien d'autres
2. La Grèce antique : Un guide des dieux, déesses, divinités, titans et héros de la Grèce classique : Zeus, Poséidon, Apollon et plus encore
3. Anciens contes nordiques : Découvrez les dieux, déesses et géants de la mythologie des Vikings : Odin, Loki, Thor, Freya et plus encore

La série de livres Les grandes théories expliquées.

Bienvenue dans la série de livres **Les grandes théories expliquées**. Découvrez la philosophie, les idées des anciens philosophes et d'autres théories intéressantes. Ces livres réunissent les biographies et les idées des philosophes les plus célèbres de régions telles que la Grèce et la Chine antiques.

La philosophie est un sujet complexe, et de nombreuses personnes ont du mal à en comprendre ne serait ce que les bases. Ces livres sont conçus pour vous aider à en savoir plus sur la philosophie, ils sont uniques en raison de leur approche simple. Il n'a jamais été aussi facile et amusant d'acquérir une meilleure compréhension de la philosophie qu'avec ces livres. En outre, chaque livre comprend des questions afin que vous puissiez approfondir vos propres pensées et opinions !

Titres disponibles :

1. Philosophie grecque : La vie et les idées des philosophes de la Grèce antique : Socrate, Platon, Pythagore et bien d'autres
2. Éthique et morale : Philosophie morale, bioéthique, défis médicaux et autres idées éthiques

La série de livres Inspiration des futurs entrepreneurs.

Bienvenue dans la série de livres **Inspiration des futurs entrepreneurs**. Il n'est jamais trop tôt pour que les jeunes ambitieux commencent leur carrière ! Que vous ayez l'esprit d'entreprise et que vous cherchiez à bâtir votre propre empire, ou que vous soyez un entrepreneur en herbe qui commence à emprunter une route longue et ardue, ces livres vous inspireront grâce aux histoires d'hommes d'affaires qui ont réussi.

Découvrez leurs vies, leurs échecs et leurs réussites qui vous donneront envie de prendre le contrôle de votre existence au lieu de simplement la regarder passer !

Titres disponibles :

1. 21 entrepreneurs à succès : La vie des grands fondateurs du XXe siècle : Elon Musk, Steve Jobs et bien d'autres
2. 21 entrepreneurs révolutionnaires : Les vies incroyables des hommes d'affaires du XIXe siècle : Henry Ford, Thomas Edison et bien d'autres

La série de livres L'Histoire facile.

Bienvenue dans la série de livres L'Histoire facile. Explorez divers sujets historiques, de l'âge de pierre jusqu'à l'époque moderne, ainsi que les idées et les personnages marquants qui ont traversé les âges.

Ces livres sont un excellent moyen d'éveiller votre intérêt pour l'histoire. Les manuels scolaires, secs et ennuyeux, rebutent souvent les lecteurs, car ils aiment les histoires de gens ordinaires qui ont changé le monde. Ces livres vous donnent l'opportunité de les découvrir tout en vous fournissant les informations historiques importantes.

Titres disponibles :

1. La Première Guerre mondiale : La Première Guerre mondiale, ses grandes batailles, les personnages et les forces en présence
2. La Deuxième Guerre mondiale : L'Histoire de la Seconde Guerre mondiale, Hitler, Mussolini, Churchill et autres personnages clés

3. L'Holocauste : Les Nazis, la montée de l'antisémitisme, la Nuit de Cristal et les camps de concentration d'Auschwitz et de Bergen-Belsen.
4. La Révolution française : L'Ancien Régime, Napoléon Bonaparte, la Révolution française, les guerres napoléoniennes et de Vendée

Nos livres sont disponibles chez tous les principaux détaillants de livres en ligne. Découvrez les packs numériques (bundle) de nos livres ici : https://payhip.com/studentPressBooksFR

Conclusion

Nous espérons que vous avez apprécié votre lecture sur les mystérieux dieux et déesses égyptiens. Avons-nous couvert tout ce que vous vouliez savoir sur le monde antique ? Si ce n'est pas le cas, ne vous inquiétez pas. Nous avons d'autres livres sur la mythologie qui satisferont votre curiosité et répondront à toutes vos questions !

Jetons un coup d'œil rapide à certains des faits les plus intéressants et les plus inhabituels que nous avons appris sur ces dieux.

Par exemple, saviez-vous que les dieux égyptiens sont souvent représentés avec des têtes d'animaux ? Vous pouvez tout relire à ce sujet dans ce livre !

Nous espérons que ce livre vous a permis d'apprécier la mythologie égyptienne et de partager de nouvelles connaissances avec vos amis. Relisez-le un jour !

Avez-vous aimé cette lecture éducative ? Qu'en avez-vous pensé ? Faites-le-nous savoir avec un beau commentaire sur ce livre !

Nous en serions ravis, alors n'oubliez pas d'en laisser un !